Simone Hell
Renate Kippes

Mit Kindern künstlerisch arbeiten

Kunst fachfremd unterrichten, 3./4. Schuljahr

Oldenbourg

Oldenbourg PRAXIS Bibliothek 264

Das Papier ist aus chlorfrei gebleichtem Zellstoff hergestellt, ist säurefrei und recyclingfähig.

1. Auflage 2010

Druck 14 13 12 11 10
Die letzte Zahl bezeichnet das Jahr des Drucks.

Umschlagkonzept: Mendell & Oberer, München
Moderation: Ruth Dolenc-Petz, Meitingen
Lektorat: Sylvia Bernard-Dronia
Bildredaktion: Stefanie Portenhauser
Herstellung: Ulrike Seeliger
Zeichnungen: Kristina Klotz, München
Fotos: Simone Hell, Ulm; Renate Kippes, Fuchsstadt
Satz: fidus Publikations-Service GmbH, Nördlingen
Druck und Bindung: Schneider Druck GmbH, Rothenburg o. d. Tauber

ISBN 978-3-637-01100-7

Inhaltsverzeichnis

Vorwort

Der Kunstunterricht möchte in besonderer Weise die kreativen Gestaltungskräfte der Kinder ansprechen und herausfordern. Doch gerade Lehrerinnen und Lehrern, die Kunst fachfremd unterrichten, stellt sich die Frage: „Wie lassen sich einerseits die Kinder für künstlerisches Tun begeistern und andererseits innerhalb einer bestimmten Zeit respektable Werke erzielen?“
Dieses Buch soll Sie bei der Auswahl und Umsetzung der vielfältigen Möglichkeiten des Kunstunterrichts unterstützen. Anhand erprobter Unterrichtsvorschläge möchten wir Sie und Ihre Schüler ermutigen, sowohl Kunst und Künstler näher kennen zu lernen als auch selbst kreativ zu werden und verschiedene Techniken auszuprobieren. Um die erfolgreiche Umsetzung der Unterrichtsvorschläge – gerade für fachfremd unterrichtende Lehrkräfte – zu garantieren, haben wir die Hilfen für den Kunstunterricht aus dem Band für die 1. und 2. Jahrgangsstufe übernommen. Sie unterstützen als fachdidaktische Grundlage auch für die Jahrgangsstufe 3/4 die Strukturierung des Unterrichts.
Während im Bereich „Gestalten“ der Schwerpunkt auf den künstlerischen Techniken liegt, mit denen kindliche Fantasie und Kreativität geweckt werden kann, stehen beim „Betrachten“ Werke bekannter Künstler im Mittelpunkt. Da Wahrnehmen und bildnerisches Tun für die Förderung eines ästhetischen Bewusstseins gleich wichtig sind, wird in besonderer Weise der wechselseitigen Verflechtung von Gestalten und Betrachten der eigenen und der fremden künstlerischen Werke Rechnung getragen.
Die entstandenen Schülerwerke sollen dazu beitragen, das Schulhaus ästhetisch zu gestalten. Die Kinder empfinden Stolz, wenn ihre liebevoll gemalten Bilder von Mitschülern, Eltern und Lehrern bewundert werden. Auch wirkt sich eine fröhliche, einladende Atmosphäre positiv auf das Klima in der Schule aus.
Sämtliche Schülerbeispiele, Kunstwerke und Kopiervorlagen sind nach Kapiteln geordnet auf der beiliegenden CD-ROM enthalten. Auf diese Weise haben Sie die Möglichkeit, den Kindern das Bildmaterial vierfarbig direkt über einen Beamer oder (auf Farbfolie) über den Overheadprojektor zu präsentieren. Die Arbeitsblätter können bequem im DIN-A4-Format ausgedruckt werden. Dieses Symbol zeigt Ihnen die Verfügbarkeit eines Materials auf der CD-ROM an.
Viel Spaß bei der künstlerischen Arbeit und gutes Gelingen wünschen Ihnen und Ihren Schülern[1)]

Simone Hell
Renate Kippes

1) Aus Gründen der leichteren Lesbarkeit haben wir in diesem Buch die weibliche oder die männliche Form gewählt. Selbstverständlich sind immer Lehrerinnen und Lehrer, Schülerinnen und Schüler gemeint.

1. Hilfen für den Kunstunterricht

Der Kunstunterricht in der Grundschule sieht sich zwei Problemen gegenüber: Zum einen steht in der Regel kein separater Fachraum zur Verfügung. Zum anderen sehen die Lehrpläne nur den begrenzten zeitlichen Rahmen von wöchentlich einer oder zwei Unterrichtsstunden vor. Um in den Klassenzimmern die verfügbare Zeit dennoch möglichst effektiv zu nutzen, haben sich folgende Tricks bei der Organisation bewährt.

1.1 Materialien

Gute Ergebnisse hängen in nicht unerheblichem Umfang von der Qualität des Materials ab. Um von Anfang an ein gewisses Repertoire an kunstunterrichtlichen Möglichkeiten ausschöpfen zu können, empfiehlt es sich, folgende Materialien von den Kindern besorgen zu lassen:

Karton/Körbchen gepackt mit:
- einem Qualitäts-Deckfarbenkasten inklusive Deckweiß
- einem stabilen Wassergefäß aus Plastik
- einem kleinen Schwämmchen
- einem Mallappen oder einem kleinen Handtuch
- verschiedenen Borstenpinseln (Nr. 8, 10, 14) und Haarpinseln (Nr. 6, 8, 12)
- wasserfesten Wachsmalkreiden
- Filzstiften
- einer Zeitung als Unterlage
- evtl. einem Malerkittel

Außerdem:
- Zeichenblöcke DIN A3 und DIN A4
- je ein Block Tonpapier und Transparentpapier
- eine Sammelmappe DIN A3

Besonders hilfreich ist es, wenn die Kinder ihre Kunstmaterialien verpackt in einem Schuhkarton oder einem Körbchen mitbringen. Viele Klassenräume sind mit Regalen ausgestattet, in denen sich die Kunstkisten der Kinder sehr gut deponieren lassen. Aus unserer Sicht besteht der große Vorteil von Kunstkisten darin, dass jedes Kind lernt, für die Sorgfalt, Sauberkeit und Vollständigkeit seiner Materialien selbst Verantwortung zu übernehmen. Darüber hinaus können ohne lange Wartezeiten alle Kinder gleichzeitig ihren Arbeitsplatz herrichten. Alternativ käme die Anschaffung aller Materialien für den Kunstunterricht durch die Lehrerin in Betracht.

Bei einigen Unterrichtsthemen sind über die Standardausstattung hinaus weitere Materialien notwendig, die bei jedem Kapitel ausgewiesen sind und am besten von der Lehrerin zentral angeschafft werden.

Hierzu können gehören:

Farben	Malgründe	Zusatzmaterialien
• Acrylfarben bzw. Gouche (Gelb, Rot, Blau, Weiß und Schwarz) • Ölpastellfarben • Pastell-Kreiden • Holzkohle	• Papier in verschiedenen Stärken und Farben • Karton • Packpapier	• Draht • Zahnbürsten • Textilien • Styroporkugeln • Holzstäbe • Bierdeckel • Zeitungspapier • Kleister • Knöpfe • Kordeln, Bast • Nähgarn, Nadeln • Krepppapier • Frischhaltefolie

1.2 Organisation

Je besser der Kunstunterricht organisiert ist, umso mehr Zeit bleibt für die Gestaltungsaufgaben und damit für das künstlerische Tun der Kinder. Um einen reibungslosen Ablauf zu gewährleisten, empfehlen wir das gruppenweise Holen der Kunstkisten. Während jedes Kind mit Zeitung seinen Arbeitsplatz abdeckt und seine benötigten Materialien bereitstellt, holt und verteilt der Wasserdienst, d. h. ein Kind pro Gruppe, die halbgefüllten Wassergefäße. Damit jedes Kind weiß, welche Materialien gebraucht werden, ist der Einsatz von Bildkarten hilfreich (vgl. S. 8 ff.).

Die Verteilung der Malgründe übernimmt der Austeildienst. Statt der Blöcke können auch Einzelblätter, die im Vorfeld aus den Malblöcken der Kinder entnommen wurden, ausgegeben werden. Das hat sich in der Praxis als vorteilhaft erwiesen. (Fortsetzung s. S. 11)

Bildkarten zur Organisation des Kunstunterrichts

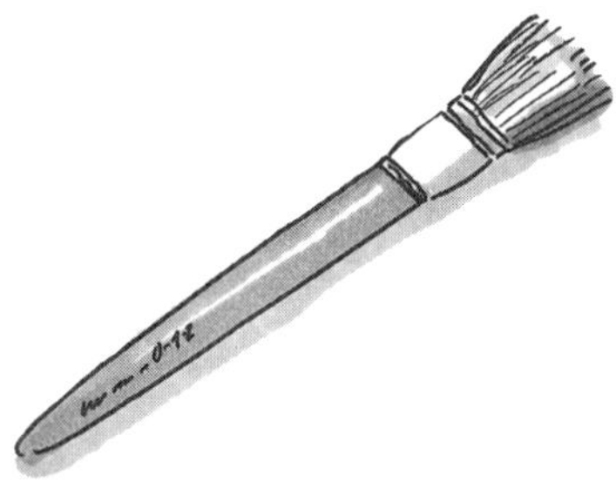

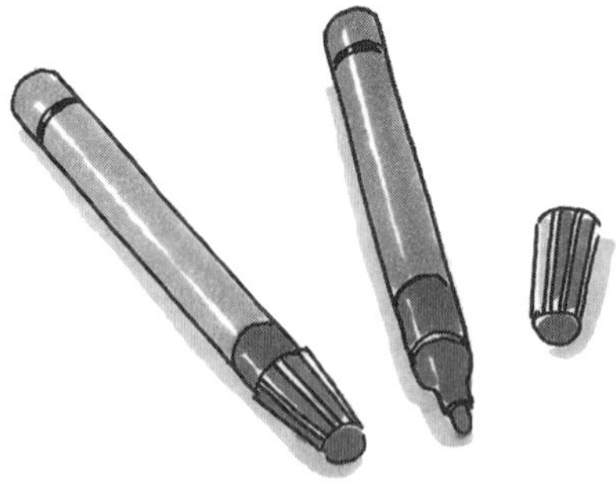

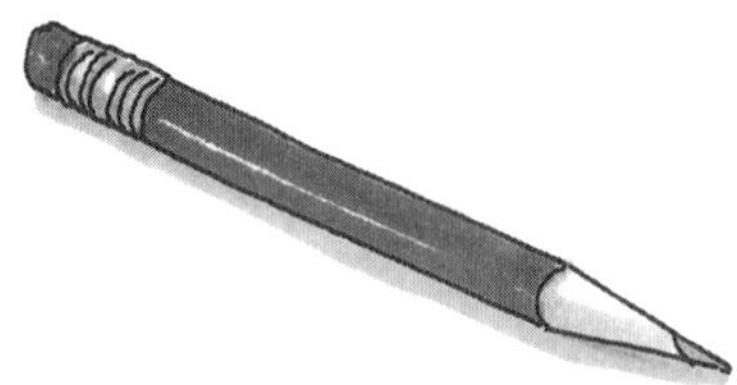

Zeitung

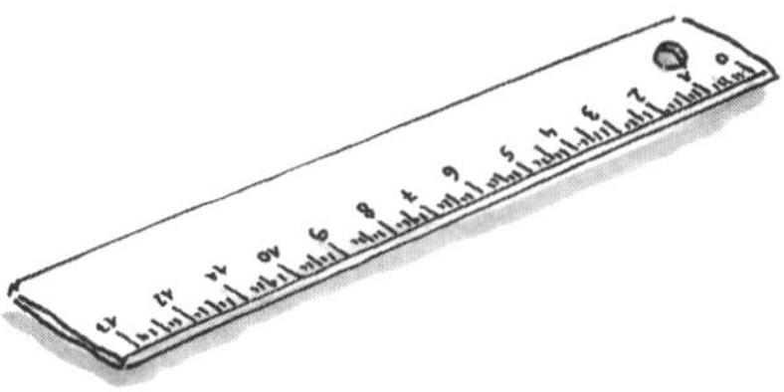

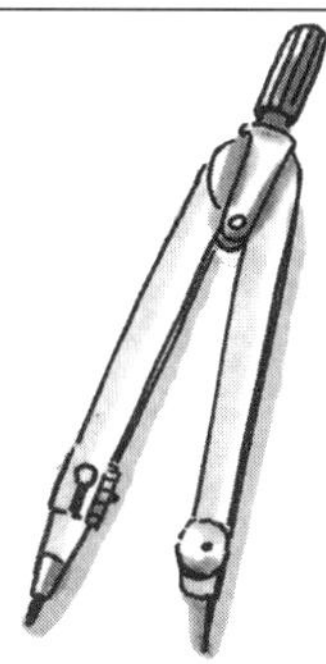

Tonpapier

Transparentpapier

Bildkarten zur Organisation des Kunstunterrichts

Damit am Ende des Kunstunterrichts das Lagern der frisch gemalten Bilder kein Problem darstellt, sollte ein fester Platz für die fertigen Schülerbilder bestimmt werden. Beispielsweise können die Bilder auf dem Fensterbrett trocknen, an der Tafel hängen bzw. unter der Tafel liegen oder aber auch in einem Trockenregal ausgelegt werden.

Um im Anschluss an die Gestaltungsphase zügig und reibungslos die künstlerischen Ergebnisse gemeinsam betrachten und besprechen zu können, ziehen wir es vor, die fertigen Werke der Kinder auf farbiges Tonpapier unterhalb bzw. vor der Tafel zu sammeln. Schnell kann ein Halbkreis vor der Tafel gebildet bzw. das Tonpapier mit den Schülerarbeiten in den Stehkreis gezogen werden. Durch die Auswahl des Tonpapiers kann gleichzeitig die Farbwirkung der Bilder verstärkt werden, sodass sich die Kunstwerke effektvoll präsentieren lassen.

1.3 Arbeitsregeln

Damit der Kunstunterricht diszipliniert abläuft, ist es notwendig, mit der Klasse Arbeitsregeln zu vereinbaren. Für die Einhaltung der Regeln ist es günstig, wenn die Kinder die Regeln selbst erarbeiten. Ausgehend von nachgestellten Situationen können die Kinder sich beispielsweise im Anschluss mit dem Partner oder in der Gruppe geeignete Regeln für den Kunstunterricht überlegen, die dann von der Lehrerin an der Tafel gesammelt und im Plenum ausgewertet werden. Der Aushang eines Plakats zum Thema „Wie verhalte ich mich im Kunstunterricht?“ kann zum einen an die Regeln erinnern und zum anderen für spätere Reflexionsphasen benutzt werden (s. S. 12).

Folgende Regeln können helfen:

1. Ich richte zügig und leise meinen Arbeitsplatz her.
   - Bleistift bereitlegen
   - alles wegräumen und Schultasche schließen
   - Zeitung unterlegen
2. Ich warte, bis ich Wasser und Papier erhalte.
3. Ich arbeite in Flüstersprache.
4. Ich räume meinen Arbeitsplatz leise und ordentlich auf.

Um bei Gestaltungsphasen die Arbeitsatmosphäre und die Konzentration der Kinder positiv zu beeinflussen, kann man ruhige, klassische oder meditative Musik einsetzen.

Name: ______________________ Datum: ____________ Klasse: ____

Wie verhalte ich mich im Kunstunterricht?

1. ____

____

____

____

2. ____

3. ____

4. ____

____

1.4 Aufbau von Gestaltungs- und Betrachtungsstunden

Obwohl das Wahrnehmen und das bildnerische Tun für Gestaltungsprozesse gleich wichtig sind, lassen sich Kunststunden je nach Schwerpunkt entweder in Gestaltungsstunden oder in Bildbetrachtungsstunden unterscheiden.

Gestaltungsstunden
1. Initiation
2. Exploration
3. Objektivierung
4. Reflexion
5. Ausklang

Gestaltungsstunden

Für die Planung von Unterrichtseinheiten aus dem Bereich „Gestaltung" hat sich folgende Verlaufsgliederung bewährt.

1. Initiation

Der Einstieg soll die Kinder zum Thema hinführen und für die Gestaltungsaufgabe motivieren. So kann zu Beginn eine Phantasiereise, eine Lehrererzählung, eine Geschichte, ein Bild, ein Experiment, ein kleiner Gestaltungsauftrag, eine szenische Darstellung oder Ähnliches stehen. Die Motivation gelingt am besten, wenn möglichst viele Kinder emotional angesprochen werden und sich beteiligen können. Indem die Kinder auf vielfältige Weise ihr Vorwissen einbringen, können sie Bekanntes mit Neuem verknüpfen. Die Phase der Initiation schließt mit dem Erfassen und dem Verbalisieren des Gestaltungsziels. Dabei gilt die Regel: Je intensiver der Eindruck durch das Motiv, desto stärker der Gestaltungswille.

2. Exploration

In der Experimentierphase erkunden die Kinder Möglichkeiten zur Lösung der bildnerischen Aufgabe. Zu diesem Zeitpunkt kann es in bestimmten Fällen, z. B. wenn eine Technik für die Kinder unbekannt ist, notwendig sein, dass wesentliche inhaltliche Elemente vorweg erklärt werden. Wichtig ist, dass genügend Freiraum für den spielerischen, eigenständigen und kreativen Zugriff zur Bestimmung der Gestaltungselemente bzw. der Erprobung der Technik vorhanden ist. Anstelle vorgegebener Kriterien zur Lösung des Problems steht hier das freie Ausprobieren. Dafür bieten sich kleine Skizzenblätter an, die dann später entweder in die Kunstmappe eingeordnet oder in das Kunstheft eingeklebt werden. Der gemeinsame Austausch über die gesammelten Erfahrungen sowie die Analyse der Ergebnisse führt zur Lösung des bildnerischen Problems. Die Festlegung der Gestaltungsschwerpunkte wie z. B. Motiv, Formen, Farben, Bildeinteilung, Bildwirkung schafft die Grundlage für die Gestaltungsphase.

3. Objektivierung

Nachdem die Gestaltungsschwerpunkte erarbeitet und festgelegt wurden, erfolgt die praktische Umsetzung mit der entsprechenden Technik. In dieser

Phase kommen die zuvor vereinbarten Gestaltungsschwerpunkte zur Anwendung. Die Lehrerin bietet den Kindern individuell Hilfe oder Beratung an. In speziellen Fällen kann aber auch eine Unterbrechung erforderlich sein. Eine Zwischenreflexion sollte nur erfolgen, um gelungene Teilelemente herauszustellen bzw. auf allgemeine „Fehl"-Entwicklungen hinzuweisen.

4. Reflexion
Die Besprechung der Arbeiten beginnt damit, dass eine Verbindung zum Ausgangspunkt hergestellt wird. So erfolgen die Bewertung der Ergebnisse und der Erfahrungsaustausch nicht willkürlich, sondern anhand der zuvor herausgearbeiteten Ziele und Kriterien.

5. Ausklang
Als Abschluss kann man den Kindern einen Ausblick geben, wie das Thema fortgeführt oder ausgeweitet wird. So ließe sich beispielsweise eine weitere Technik anwenden oder die Betrachtung eines Kunstwerkes anschließen.

Betrachtungsstunden
Im Gegensatz zu Gestaltungsstunden ist der Aufbau von Bildbetrachtungsstunden nicht so geradlinig. Ganz entscheidend für die Gliederung einer Unterrichtseinheit ist die Frage, ob die Bildbetrachtung mit einer Vor- oder Nach- bzw. Umgestaltung verbunden werden soll. Dies hängt vor allem von der Auswahl des Kunstwerkes ab.

Leitfragen für die Auswahl von Kunstwerken:
- Spricht das Kunstwerk sowohl die Kinder als auch die Lehrerin an?
- Sind Motiv, Darstellungsart und Komplexität für Grundschulkinder geeignet?
- Können an dem ausgewählten Kunstwerk Besonderheiten wie Arbeitsweise, Wirkungen etc. deutlich gemacht werden?
- Lassen sich bildnerische Aufgaben (Vor- oder Nach-/Umgestaltung) einbeziehen?

Betrachtungsstunden mit Vorgestaltung
Die ersten Phasen einer Betrachtungsstunde mit Vorgestaltung entsprechen den Artikulationsstufen einer Gestaltungsstunde.

> ***Betrachtungsstunden mit Vorgestaltung***
> *1. Initiation*
> *2. Exploration*
> *3. Objektivierung: Vorgestaltung*
> *4. Werkbegegnung*
> *5. Werkvergleich – Reflexion*
> *6. Ausklang*

1. Initiation
Die Hinführung hat das Einstimmen der Kinder auf das Thema zum Ziel. Im Gegensatz zu einer reinen Gestaltungsstunde geht es hier aber darum, von Anfang an eine enge Verknüpfung zum später betrachteten

Kunstwerk zu schaffen. Dies kann zum Beispiel über das Motiv, die Farben, die Formen, die Technik oder die Komposition erfolgen.

2. Exploration
Je nachdem wie anspruchsvoll der Gestaltungsauftrag ist, umfasst die Unterrichtseinheit eine Explorationsphase oder aber die Vorgestaltung schließt sich gleich an die Initiationsphase an.

3. Objektivierung: Vorgestaltung
Mit den vorhandenen Farben, Formen, Materialien etc. erfolgt die praktische Umsetzung, bei welcher die Lehrerin bei Bedarf individuelle Hilfestellung anbietet. Das Betrachten der fertiggestellten Schülerergebnisse bildet die Grundlage für die Betrachtung des ausgewählten Kunstwerkes.

4. Bildbegegnung
Nun wird das Kunstwerk, z. B. mit Musik unterlegt, präsentiert. Nach der Phase des stillen Betrachtens können die Kinder ihre Empfindungen und Eindrücke spontan äußern.

5. Werkvergleich – Reflexion
Über den Vergleich der Schülerwerke mit dem Werk eines Künstlers lässt sich die Struktur des Kunstwerkes erschließen. Beispielsweise können Unterschiede der Farbgebung, der Formauswahl, der Komposition oder auch der Technik herausgearbeitet werden. Um die Kinder nicht zu überfordern, sollte der Schwerpunkt nicht auf allen, sondern auf ausgewählten Betrachtungsaspekten liegen.

6. Ausklang
Sowohl der Ausblick auf die Betrachtung weiterer Werke eines Künstlers als auch die Auseinandersetzung mit der Biographie des Künstlers bieten sich für eine Ausweitung an.

Betrachtungsstunden mit Nach-/Umgestaltung

1. Initiation
Um die Kinder zum Kunstwerk hinzuführen, empfiehlt es sich, sie emotional darauf einzustimmen. Neben einer Fantasiereise, die die Sinne bzw. die Vorstellungskraft der Kinder aktiviert, sind Geschichten oder Erzählungen denkbar. In Abhängigkeit von der Werkauswahl kann auch die Präsentation des Werkes mittels Poster, Beamer oder OHP als stummer Impuls am Anfang einer Betrachtungsstunde stehen.

Betrachtungsstunden mit Nach-/Umgestaltung
1. Initiation
2. Werkbegegnung
3. Werkanalyse
4. Objektivierung: Nach- oder Umgestaltung
5. Reflexion – Werkvergleich
6. Ausklang

2. Werkbegegnung

Die Präsentation eines Werkes kann auf unterschiedliche Weise erfolgen.

- Präsentation des Werkes als Ganzes: Wenn das Werk den Kindern als Ganzes dargeboten wird, kann sich die Aussagekraft des Werkes (Gesamteindruck) von Beginn an voll entfalten. Hierbei erhalten die Kinder die Gelegenheit, sich auf das Werk einzulassen und sich damit individuell auseinanderzusetzen.
- Präsentation in Ausschnitten oder in Schritten: Bei dieser Form der Darbietung wird das Kunstwerk in Ausschnitten gezeigt bzw. schrittweise aufgedeckt. Indem die Lehrerin den Blick auf eine oder mehrere bestimmte Einzelheiten lenkt, wird bei den Kindern Spannung und Neugier erzeugt. Sie können sowohl freie Assoziationen als auch Antizipationen zum Werk anstellen.

Die Entscheidung für die eine oder andere Präsentationsform hängt sicherlich vom Kunstwerk selbst ab. Dennoch möchten wir darauf aufmerksam machen, dass eine frühzeitige Lenkung auf Details den Gesamteindruck eines Werkes beeinträchtigen kann.

3. Werkanalyse

Nachdem die Kinder sich zum Werk frei geäußert haben, erfolgt die systematische Analyse des präsentierten Werkes. Das Erschließen der Besonderheiten kann Farben, Formen, Komposition, Technik und Stilrichtung/Epoche umfassen. Der Schwerpunkt sollte auf das für das Werk Besondere gelegt werden und an der daran anschließenden Gestaltungsaufgabe orientiert sein.

4. Objektivierung: Nach- oder Umgestaltung

Für die gestalterische Auseinandersetzung mit dem Werk bieten sich verschiedene Möglichkeiten an. Beim Nachgestalten kann entweder das Werk als Ganzes oder ein bestimmter Ausschnitt für die künstlerische Umsetzung herangezogen werden. Bei einer ganzheitlichen Nachgestaltung sollte das Augenmerk vor allem darauf gerichtet sein, dass anstelle bloßen Kopierens die Kreativität der Kinder Eingang in die Schülerwerke findet. Wird ein Detail Grundlage für das künstlerische Tun, können über eine Gestaltung in vergrößerter Form verblüffende Effekte erzielt werden. Bei einer Umgestaltung steht die Veränderung des betrachteten Kunstwerkes im Mittelpunkt. Durch die Änderung der Farben, Formen, der Komposition oder der Technik entstehen oft ganz neue Zugänge zum Werk.

5. Reflexion – Werkvergleich

An die Gestaltung schließt die Reflexionsphase an. Neben einer kriterienbezogenen Wertung der Schülerergebnisse, die sich sowohl an den erschlossenen

Bilddetails als auch an der Gestaltungsaufgabe orientiert, sollen die Arbeiten der Kinder mit dem Kunstwerk verglichen werden, sodass Gemeinsamkeiten oder auch Unterschiede transparent werden.

6. Ausklang
Der Ausblick auf eine Vertiefung der Technik, eine Weiterführung der Gestaltung, eine Auseinandersetzung mit dem Künstler, dessen Intention und Werk oder die Betrachtung des gleichen Motivs in einer anderen Darstellungsweise können die Werkbetrachtung abrunden.

1.5 Tafelbild

Das Tafelbild hat die Aufgabe, die Struktur der Unterrichtseinheit widerzuspiegeln und den Kindern Klarheit über ihren Gestaltungsauftrag zu geben. Um in kurzer Zeit strukturierte Tafelbilder erstellen zu können, sind Wortkarten, die sich immer wieder verwenden lassen, hilfreich (s. Wortkarten auf CD-ROM).

1.6 Kunstheft

Spätestens ab dem zweiten Schuljahr bietet sich der Einsatz eines Kunstheftes an. Als Skizzenheft dient es der Ideenfindung. Indem Kinder Bildideen entwickeln, verbessern und überarbeiten, wird der prozesshafte Charakter der Bildentstehung transparent. Darüber hinaus können im Kunstheft Vorzeichnungen, Skizzenblätter, Informationstexte über Künstler oder Techniken in gebündelter Form gesammelt werden.

Die Gestaltung des Umschlages kann bereits als Anlass für eine künstlerische Aufgabe genutzt werden. Beispielsweise können die Kinder ein DIN-A3-Blatt zur Mitte falten, mit Lineal und Bleistift auf der Vorderseite eine Zickzacklinie aufzeichnen und mit einem schwarzen Filzstift ihren Namen in Druckbuchstaben immer kleiner bzw. immer größer werdend in die Zickzacklinien einfügen. Besonders ansprechend ist es, wenn der Hintergrund mit zwei Farben abwechselnd gestaltet wird. Konkrete Beispiele dazu finden Sie auf der CD-ROM.

2. Kreative Ideen zur Gestaltung des Klassenraums

2.1 Gestaltung der Klassenzimmertür: Graffiti-Namen (Gemeinschaftsarbeit)

Gerade zu Beginn eines Schuljahres ist es für die Kinder wichtig, sich zur Klassengemeinschaft zugehörig zu fühlen und zu erfahren, dass jedes Kind in seiner Einzigartigkeit Teil der Klasse ist. Das gemeinsame Gestalten der Klassenzimmertür ist eine schöne Möglichkeit, diese Zugehörigkeit auch nach außen zu zeigen.

Dauer: ca. zwei Unterrichtsstunden

Lernziel
Die Kinder sollen für die Klassenzimmertür ihren Namen in Graffiti-Schrift mit Wasserfarben gestalten.

Materialien
- Skizzenblätter
- Bleistifte
- schwarze Filzstifte
- Scheren
- Zeichenblöcke DIN A4 (Querformat)
- Wasserfarben, Wassergefäß
- Haar- und Borstenpinsel in dünner Stärke

Didaktisch-methodische Vorüberlegungen
Die Anwendung der Graffiti-Schrift, die im Zuge der Erfindung der Sprühdose entstand und aus optisch auffällig geformten Buchstaben besteht, übt einen besonderen Reiz und eine große Motivation auf die Kinder aus.

Hinweise zum Unterrichtsverlauf

Vorbereitung
Die Lehrerin besorgt Fotos von gestalteten Graffiti-Wänden (s. CD-ROM) und Abbildungen von verschiedenen Graffiti-Buchstaben.

Initiation
Zum Einstieg zeigt die Lehrerin Bilder von gestalteten Graffiti-Wänden. Nach freien Äußerungen der Kinder, werden weitere Buchstaben und Wörter in Graffiti-Schrift genauer betrachtet. Dabei spielen Form und Farbe eine gro-

ße Rolle. Schließlich wird zur Gestaltungsaufgabe, seinen eigenen Namen in Graffiti-Schrift zu schreiben, übergeleitet.

Exploration
Die Kinder probieren diese Technik auf Skizzenpapier aus. Zunächst geht es darum, mit dem Bleistift nur einen Buchstaben zu gestalten oder abzuzeichnen. Leistungsschwächeren Kindern dienen ausgedruckte Graffiti-Vorlagen als Hilfe (s. S. 20). Im Halbkreis vor der Tafel stellen die Kinder ihre Ergebnisse vor und es folgt eine kurze Auswertung der Experimentierphase. Nun erklärt die Lehrerin die Farbgestaltung. Besonders wirkungsvoll ist das farbige Ausgestalten, wenn zwei Farben verwendet werden, die im Ton zusammenpassen oder im Hell-Dunkel-Kontrast zueinander stehen. Indem die Buchstaben mit einem schwarzen Filzstift konturiert werden, wird deren Form besonders hervorgehoben. Abschließend wird der Name mit einer dritten Farbe großflächig umrahmt.

Objektivierung
Jedes Kind zeichnet seinen Namen mit Bleistift in Graffiti-Schrift auf dem Zeichenblock auf und malt ihn mit Wasserfarben aus. Danach wird er großflächig mit einer weiteren Farbe eingerahmt. Die Kinder umfahren die Buchstaben mit schwarzem Filzstift.

Reflexion
Im Stehkreis werden die Werke der Kinder jeweils gewürdigt und im Hinblick auf die Buchstabenformen und deren Ausführung kritisch betrachtet.

Ausklang
Nach dem Trocknen werden die Namen „formentsprechend“, z. B. zackig ausgeschnitten. Damit jeder in der Schule weiß, wer zu dieser Klasse gehört, werden die Namen außen an der Klassenzimmertür befestigt. Zum Abschluss bietet sich in Querverbindung zum Musikunterricht das Singen eines Klassenhits an, z. B.: „Wir sind eine klasse Klasse“ (aus: Ein Liederbuch, von Manfred Bauer, Domino Verlag 1996) oder „Starke Kinder“ (aus: Singen macht Spaß mit Liedern von Rolf Zuckowski, Musikverlag Hans Sikorski, Hamburg 1995).

Tafelbild

Was?	**Name in Graffiti-Schrift**
Wie?	1. Name aufzeichnen 2. zweifarbig ausmalen 3. umrahmen 4. nach dem Trocknen ausschneiden
Womit?	Bleistift, Wasserfarben, Pinsel

Vorlage Graffiti-Schrift

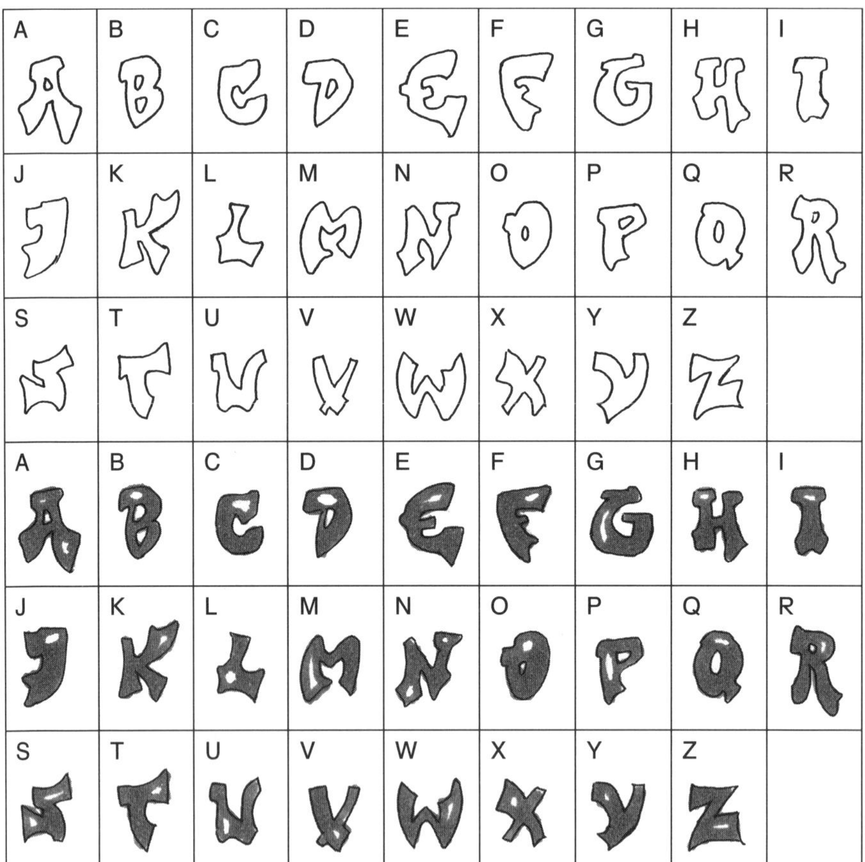

2.2 Heißluftballons an der Wäscheleine (Collage)

Dauer: ca. zwei Unterrichtsstunden

Lernziele
Die Kinder sollen aus weißem Tonpapier einen Heißluftballon ausschneiden und ihn mit gerissenen oder geschnittenen Transparentpapierschnipseln einer Farbfamilie bekleben. Dann wird ein aus weißem Tonpapier ausgeschnittener Korb mit Namen und Geburtsdatum beschriftet und mittels Paketschnur mit dem Ballon verbunden.

Materialien
- weißes Tonpapier
- buntes Transparentpapier
- Scheren
- Klebestifte
- dicke, schwarze Filzstifte oder Edding-Stifte
- Locher
- Paketschnur

Didaktisch-methodische Vorüberlegungen
Jeder Mensch hat einmal im Jahr einen ganz besonderen Ehrentag: den eigenen Geburtstag. Da der Geburtstag für Kinder ein wichtiges Ereignis ist, erzählen sie gern, wann dieser Tag ist und wie sie ihn feiern. Und natürlich freuen sie sich, wenn alle, die das Geburtstagskind kennen, an diesen Tag denken.

Hinweise zum Unterrichtsverlauf

Vorbereitung
Die Lehrerin bereitet die Ballon-Schablonen vor und legt weißes Tonpapier, buntes Transparentpapier und die Paketschnur bereit.

Initiation
Die Lehrerin schreibt einige Geburtsdaten der Kinder an die Tafel. Nachdem die betreffenden Kinder ihr Geburtsdatum erkannt haben, schließt sich ein Unterrichtsgespräch über Geburtstage und Feiern an. Dabei sollte herausgestellt werden, dass jedes Kind einen Ehrentag hat, der auch in der Schule gefeiert werden soll. Aber wie merkt man sich die unterschiedlichen Daten am besten? Im weiteren Gespräch erkennen die Kinder, dass ein Geburtstagskalender eine gute Erinnerungshilfe ist.

Exploration
Die Lehrerin zeigt der Klasse im Stuhlkreis ein fertiges Exemplar und die Kinder verbalisieren die verschiedenen Arbeitsschritte, die auch an der Tafel festgehalten werden: 1. Schablonen aufzeichnen und die zwei Teile des Heißluftballons ausschneiden; 2. den Korb mit Namen und Datum beschriften; 3. Vorder- und Rückseite des Ballons mit Transparentpapierschnipseln bekleben (mit Überschneidungen); 4. die zwei Teile mit der Paketschnur verbinden.
Eine bessere Farbwirkung entsteht, wenn sich die Kinder beim Bekleben der Schnipsel auf Farbtöne aus einer Farbfamilie beschränken. Deshalb werden die Transparentpapierbögen im Sitzkreis nach Farbfamilien sortiert. Eine Einteilung in Rottöne (rot, gelb, orange), Blautöne (hellblau, dunkelblau, lila) Grüntöne (hellgrün, dunkelgrün) und Violetttöne (lila, pink) erscheint sinnvoll.

Objektivierung
Mit Hilfe der entsprechenden Schablonen wird der Heißluftballon aufgezeichnet, ausgeschnitten und auf Vorder- und Rückseite mit Transparentpapier im Farbton nach Wahl beklebt. Mit einem schwarzen, dicken Filzstift wird der Korb mit dem Namen und dem Geburtsdatum vorne und hinten beschriftet. Auch das Aufkleben eines Fotos ist denkbar. Schließlich werden die Teile des Heißluftballons gelocht und mittels der Paketschnur miteinander verbunden.

Reflexion
Im Stehkreis werden die Heißluftballons gewürdigt.

Ausklang
Die Kinder stellen sich in der Reihenfolge der Geburtstage auf und befestigen ihren Heißluftballon mit Klammern an der Wäscheleine im Klassenzimmer.

Tafelbild

Was?	**Heißluftballon**	
Wie?	1. Formen aufzeichnen und ausschneiden 2. Ballon mit Papierschnipseln in einem Farbton verzieren 3. Korb mit Name und Geburtsdatum beschriften	Beispiel 
Womit?	Ton- und Transparentpapier	

Vorlage Korb

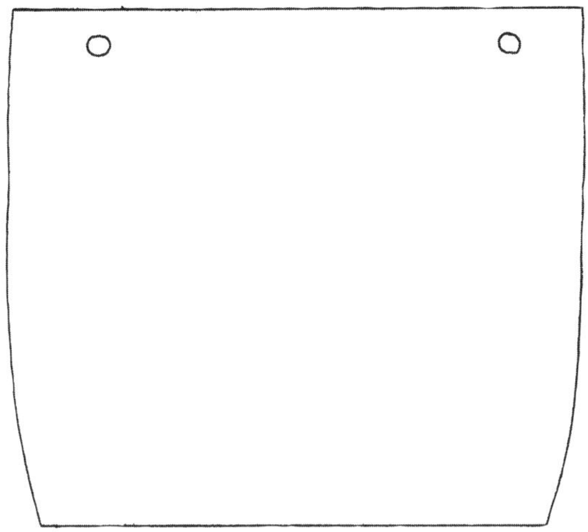

Heißluftballon-Vorlage

2.3 Fensterbilder

Licht, das durch bunte Fenster fällt, ist von besonderer Leuchtkraft. Der wechselnde Lichteinfall wirkt faszinierend. Dies kennt man beispielsweise von gestalteten Glasfenstern in Kirchen. Auch in der Schule bieten sich Glasfronten und Fensterflächen zur künstlerischen Gestaltung an. Fensterbilder erfüllen dabei dreierlei Funktion. Zum einen verschönern sie den Blick in die Schule und wirken einladend. Zum anderen bringt das durchscheinende Licht die Fensterbilder sehr eindrucksvoll zum Leuchten. Darüber hinaus verschönern sie den Blick nach draußen.

2.3.1 Schnipseldrachen (Bastelarbeit/Schnipseltechnik)

Dauer: ca. eine Unterrichtsstunde

Lernziele
Die Kinder sollen für die Klassenzimmerfenster aus Tonpapier Drachen ausschneiden und sie unter Anwendung der Transparentpapier-Schnipseltechnik bekleben.

Materialien
- Tonpapier in verschiedenen Farben
- Transparentpapier in verschiedenen Farben
- Krepppapier in verschiedenen Farben
- Drachenschablonen aus Karton
- Bleistifte, Scheren
- Klebestifte
- Naturbast

Didaktisch-methodische Vorüberlegungen
Das Wetter im Herbst ist nicht immer freundlich. Doch der Wind ist gerade richtig, um einen Drachen steigen zu lassen. Auf viele Kinder übt das Drachensteigen eine hohe Faszination aus, so dass sie sich für das Basteln von Schnipseldrachen als Fensterschmuck begeistern lassen.

Hinweise zum Unterrichtsverlauf

Vorbereitung
Die Lehrerin bereitet die Drachenschablonen vor und legt farbiges Ton-, Krepp- und Transparentpapier aus. Bei dieser Gestaltungsaufgabe können auch Reste bestens verwertet werden.

Initiation
Als Hinführung stellt die Lehrerin den Kindern im Sitzkreis ein Herbsträtsel, das auf den Drachen verweist. Hier können die Eigenerfahrungen der Kinder, die sie beim Drachensteigen erlebt haben, einbezogen werden.

Rätsel
Rauf und runter, immer mehr,
bewegt mich der Wind hin und her.
Hältst du mich fest an deiner Hand,
verfängt sich auch nicht mein
buntes Band.
Tanzen kann ich hin und her.
Errate mich, es ist nicht schwer.
(Drachen)

Exploration
Anhand eines fertigen Schnipseldrachens werden die einzelnen Arbeitsschritte gemeinsam besprochen und genau erklärt.

Objektivierung
Jedes Kind zeichnet als Erstes die Schablone auf Tonpapier auf und schneidet sie aus. Danach wird die Drachenform mit einem Transparentpapier in beliebiger Farbe hinterklebt. Das gelingt am besten, wenn der Umriss des ausgeschnittenen Tonpapierdrachen auf das Transparentpapier geklebt und dann ausgeschnitten wird. Nun gestalten die Kinder ihren Drachen mit kleinen, bunten Transparentpapierschnipseln, z. B. Dreiecke, Vierecke, Kreise aus. Jetzt werden drei farbige Krepppapierstreifen an der Bastschnur befestigt und zu Schleifen geformt. Damit man das obere Ende der Schnur nicht sieht, wird es zwischen Ton- und Transparentpapier geklebt. Zum Schluss werden die Drachen an den Klassenzimmerfenstern befestigt.

Reflexion
Im Stehkreis vor den Fenstern werden die Drachen betrachtet und gewürdigt. Die Kinder erkennen dabei sofort die besondere Leuchtkraft, die die Drachen durch den Lichteinfall am Fenster entfalten.

Ausklang
Zum Ausklang bietet sich in Querverbindung zum Musikunterricht das Singen eines Herbstliedes oder in Querverbindung zum Deutschunterricht das Schreiben von Herbsträtseln an.

Tafelbild

Was?

Schnipseldrachen

Wie?

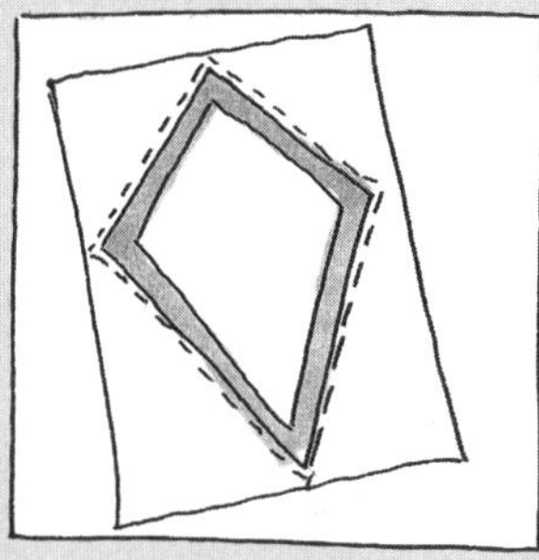

1. Form ausschneiden

2. mit Transparentpapier hinterklebt ausschneiden

3. verzieren

4. Drachenschnur befestigen

Womit?

Ton-, Transparent- und Krepppapier, Bast, Schere, Klebstoff

Drachenvorlage

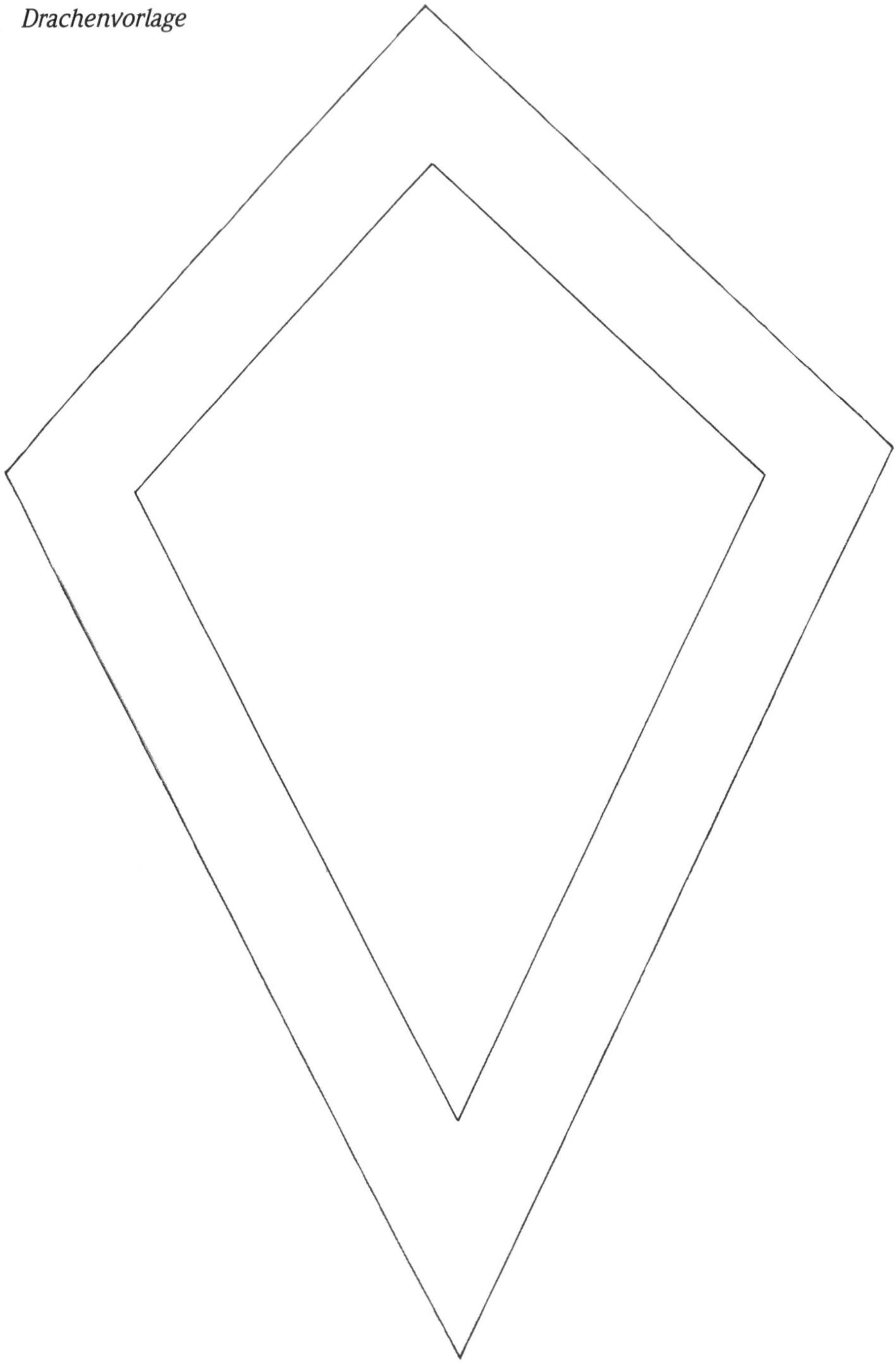

2.3.2 Bunte Häuser (Bastelarbeit/Weihnachtlicher Fensterschmuck)

Dauer: ca. eine Unterrichtsstunde

Lernziele

Die Kinder sollen für die Klassenzimmerfenster aus schwarzem Tonpapier Häuserformen ausschneiden und sie mit Transparentpapier hinterkleben.

Materialien

- schwarzes Tonpapier
- Bleistifte, spitze Scheren, evtl. Cutter
- Klebestifte
- Transparentpapier in verschiedenen Farben

Didaktisch-methodische Vorüberlegungen

Die Herstellung von Weihnachtsschmuck in der Adventszeit hat eine lange Tradition und weckt bei allen Kindern Vorfreude auf das Fest. Das Darstellen von Häusern ist von klein an für Kinder ein Grundbedürfnis. Während bei den ersten Zeichenversuchen die Elementarform „Viereck" eine große Rolle spielt, werden mit zunehmendem Alter immer mehr Einzelheiten berücksichtigt.

Hinweise zum Unterrichtsverlauf

Vorbereitung

Die Lehrerin legt schwarzes Ton- und buntes Transparentpapier bereit.

Initiation

Ein Gespräch über Weihnachtsdekoration (Baum, Tisch- und Fensterschmuck) bildet den Ausgangspunkt. Dabei soll ein Blick durch das Klassenzimmer und die (noch kahlen) Fenster die Kinder auffordern, über eine weihnachtliche Klassenzimmer- und Fenstergestaltung nachzudenken.

Exploration

Die Kinder sitzen im Stuhlreis und betrachten ein fertiggestelltes Exemplar. Daneben liegen die benötigten Materialien. Dies bietet den Kindern einen Gesprächsanreiz, und es schließen sich Vermutungen zur Entstehung der Häuser und zu den einzelnen Arbeitsschritten an. Um eine möglichst kreative und vielfältige Umsetzung der Gestaltungsaufgabe zu erhalten, ist es besonders wichtig, unterschiedliche Häuserformen und Einzelheiten wie Dach- oder Fensterformen zu besprechen. Diese Unterschiede können sowohl durch Bilder (siehe CD-ROM) als auch durch einen Unterrichtsgang in ein Wohngebiet veranschaulicht werden. Für die Darstellung der Einzelheiten ergeben sich zwei Möglichkeiten. Entweder werden Türen und Fenster so aufgezeichnet, dass sie mit den „Mauern“ des Hauses verbunden sind. Dann können auch die Fenster beidseitig gelb hinterklebt werden. Oder sie werden in einem gesonderten Arbeitsschritt jeweils zweimal aus schwarzem Tonpapier ausgeschnitten und beidseitig auf das Transparentpapier aufgeklebt. Die einzelnen Arbeitsschritte werden an der Tafel fixiert und wiederholt.

Objektivierung
Jedes Kind zeichnet nun ein Haus zweimal auf das schwarze Tonpapier auf und schneidet es aus. Um Arbeit zu sparen, können die Kinder auch zwei Tonpapierbögen übereinanderlegen und mit Hilfe von Büroklammern befestigen, bevor sie die Häuser aufzeichnen und ausschneiden. So erhält man die zwei benötigten Häuserformen schneller. Diese Arbeitsweise setzt allerdings ein gewisses Maß an Feinmotorik voraus.
Danach wird eine Häuserform mit Transparentpapier beklebt. Überstehendes Papier schneiden die Kinder ab. Nun wird die zweite Häuserform genau auf die erste aufgeklebt. Zum Schluss werden die Häuser an den Klassenzimmerfenstern befestigt. Schnelle Kinder schneiden aus gelbem Tonpapier Sterne aus, die den Fensterbereich über den Häusern füllen und schmücken.

Reflexion
Im Stehkreis vor den Fenstern werden die Häuser betrachtet und gewürdigt. Die Kinder erkennen dabei sofort die besondere Leuchtkraft, die die Häuser durch den Lichteinfall am Fenster entfalten und für Weihnachtsstimmung sorgen.

Ausklang
Zum Abschluss bieten sich in Querverbindung zum Musikunterricht das Singen von Weihnachtsliedern an sowie das Vorlesen einer Weihnachtsgeschichte.

Tafelbild

Was?	**Bunte Häuser**
Wie?	1. Häuserform mit Türen, Fenstern aufzeichnen 2. doppelt ausschneiden 3. ein Teil mit Transparentpapier bekleben 4. zweites Teil aufkleben
Womit?	schwarzes Tonpapier, buntes Transparentpapier

Abbildung Häuserformen

2.3.3 Tulpenwiese (Bastelarbeit/Faltschnitt)

Dauer: ca. zwei Unterrichtsstunden

Lernziele

Die Kinder sollen aus Transparentpapier mit Hilfe eines einfachen Faltschnittes Tulpenblüten erstellen und Blätter und Stängel ausschneiden. Durch die spannungsreiche Anordnung der Einzelblüten innerhalb eines viereckigen Tonpapierrahmens entsteht eine Tulpenwiese.

Materialien

- schwarzes Tonpapier
- Skizzenpapier
- Bilderrahmenschablone (z. B. 20 cm × 20 cm)
- Bleistifte, Scheren
- Klebestifte
- Transparentpapier in weiß, rosa, lila und verschiedenen Grüntönen (evtl. auch gelb, orange, rot)

Didaktisch-methodische Vorüberlegungen

Der Frühling lässt die ersten Blumen sprießen. Die Tulpe als Frühblüher kündigt den erwachenden Frühling an. Daher eignet sich eine Tulpenwiese als Fensterbild besonders, um den Winter aus dem Klassenzimmer zu vertreiben.

Das Motiv besteht aus einfachen Grundformen. Die Tulpenkelche sind in verschiedenen Größen mittels Faltschnitt sehr schnell zu erstellen. Durch die unterschiedlich hohe Anordnung der Blüten entstehen interessante Überschneidungseffekte. Dabei sollen die schmalen Stängel und die lanzettförmigen Blätter bis zum Blattrand reichen.

Hinweise zum Unterrichtsverlauf

Vorbereitung
Die Lehrerin bereitet die Bilderrahmenschablonen (siehe CD-ROM) vor und legt schwarzes Tonpapier und buntes Transparentpapier aus.

Initiation
Verschiedene Tulpen oder auch Fotos einer Tulpenwiese eignen sich als Einführung in das Bildthema. Im Sitzkreis äußern sich die Kinder spontan, identifizieren die Tulpe als Frühblüher, ordnen sie der Jahreszeit „Frühling" zu und berichten von eigenen Erlebnissen. Anhand eines fertiggestellten Exemplars einer Tulpenwiese überlegen die Kinder, wie das Bild angefertigt wurde und welche einzelnen Arbeitsschritte dafür erforderlich waren.

Exploration
Während die dünnen Stängel und die lanzettförmigen Blätter sehr einfach für die Kinder zu erfassen sind, werden die Blütenformen der Tulpe näher betrachtet. Dazu erproben die Kinder mit Skizzenpapier die Erstellung von unterschiedlich großen Tulpenblüten mit Hilfe des Faltschnittes. Im Stehkreis werden die Ergebnisse besprochen und gelungene Beispiele an der Tafel gesammelt. Damit die Kinder bei ihrer späteren Gestaltungsaufgabe die unterschiedlich hohe Anordnung der Blüten sowie Überschneidungseffekte berücksichtigen, können die Faltschnitte der Kinder exemplarisch an der Tafel angeordnet werden.

Objektivierung
Jedes Kind zeichnet nun die Bilderrahmenschablone auf schwarzes Tonpapier auf, schneidet es aus und beklebt die Rückseite mit weißem Transparentpapier. Anschließend stellen die Kinder die 6 bis 10 rosa und lila Tulpenblüten in unterschiedlicher Größe als Faltschnitte her, ordnen sie in unterschiedlicher Höhe innerhalb des Bilderrahmens an und kleben sie mit Überschneidungen auf. Als farbliche Alternative können auch gelbe, orange und rote Tulpenblüten auf einem gelben Hintergrund angeordnet werden. Die Blüten werden um dünne Stängel und Blätter, die bis zum unteren Bildrand reichen, ergänzt. Zum Schluss werden die Bilder der Kinder an den Klassenzimmerfenstern befestigt.

Reflexion

Im Halbkreis vor den Fenstern werden die Tulpenwiesen der Kinder betrachtet und gewürdigt.

Kriterien für die Reflexion sind:

- Farbkombination der Tulpenblüten
- Blütenform und -größen
- Anordnung mit Überschneidungseffekten

Ausklang

Zum Abschluss bietet sich in Querverbindung zum Deutschunterricht das Lesen des Gedichtes „Die Tulpe“ von Josef Guggenmos (s. S. 36) an.

Tafelbild

Was?	**Tulpenwiese**
Wie?	1. Bilderrahmen herstellen und mit Transparentpapier hinterkleben. 2. Blüten 3. Anordnung 4. dünne Stängel und Blätter bis zum Bildrand
Womit?	Ton- und Transparentpapier, Klebestifte, Schere

Abbildung zur Erstellung einer Tulpenblüte im Faltschnitt

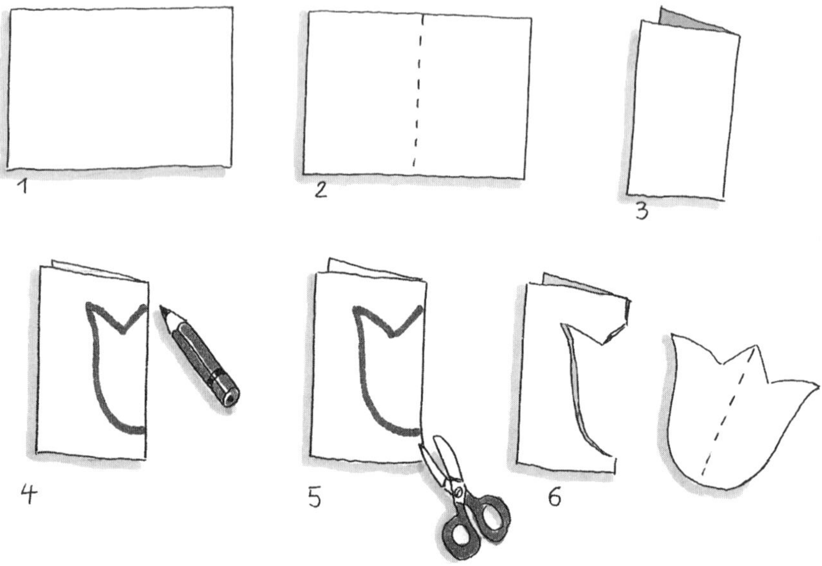

Vorlage für Bilderrahmenschablone

Die Tulpe

Dunkel
war alles und Nacht.
In der Erde tief
die Tulpe schlief,
die braune.

Was ist das für ein Gemunkel,
was ist das für ein Geraune,
dachte die Zwiebel
plötzlich erwacht.
Was singen die Vögel da droben
und jauchzen und toben?

Von Neugier gepackt,
hat die Zwiebel einen langen Hals gemacht
und um sich geblickt
mit einem hübschen Tulpengesicht.

Da hat ihr der Frühling entgegengelacht.

Josef Guggenmos

2.3.4 Sommerlandschaft (Bastelarbeit/Reißtechnik)

Dauer: ca. eine Unterrichtsstunde

Lernziele
Die Kinder sollen für die Klassenzimmerfenster aus Tonpapier einen rechteckigen „Bilderrahmen“ ausschneiden und den Zwischenraum mittels Reißtechnik mit Transparentpapier in sommerlichen, bunten Farbtönen ausgestalten.

Materialien
- Tonpapier in orange, rot oder gelb
- Bilderrahmenschablone (20 cm × 15 cm, siehe auch CD-ROM)
- Bleistifte, Scheren
- Klebestifte
- Transparentpapier in verschiedenen Farben

Didaktisch-methodische Vorüberlegungen
Die Transparentpapier-Reißtechnik ist unkompliziert in der Umsetzung und daher auch für Grundschulkinder gut geeignet. Die leuchtenden Bilder ergeben einen schönen Fensterschmuck, der immer gut zur Geltung kommt. Durch übereinander geklebte Transparentpapierstreifen können zudem verschiedene reizvolle Farbwirkungen erzielt werden. Zwar hat die Darstellung des Bildinhalts einen eher abstrakten Charakter. Durch die ganz individuelle Gestaltung und Farbkomposition kann aber jedes Kind seine besonderen Empfindungen zum Thema Sommer zum Ausdruck bringen.

Hinweise zum Unterrichtsverlauf

Vorbereitung
Die Lehrerin bereitet die Bildschablonen vor und legt das bunte Ton- und Transparentpapier aus.

Initiation
Zum Einstieg bieten sich Sommerbilder aus Kalendern oder Zeitschriften an, die den Kindern im Stuhlkreis gezeigt werden. Die Mädchen und Jungen äußern sich spontan zu den Bildern, benennen die dargestellte Jahreszeit „Sommer“ und erzählen von eigenen Erlebnissen. Dann legt die Lehrerin die Bildschablonen, sowie Ton- und Transparentpapier in die Mitte des Kreises und kündigt das Vorhaben „Sommerlandschaft“ bzw. „Sommerbild“ an. Ein fertiggestelltes Exemplar dient zur Veranschaulichung (siehe CD-ROM).

Exploration
Gemeinsam überlegen die Kinder, wie das Bild wohl angefertigt wird und welche einzelnen Arbeitsschritte dafür erforderlich sind. Wichtig ist, das Gespräch auch auf den Farbaspekt zu lenken. Aus den mitgebrachten Transparentpapierbögen werden dann „Sommerfarben“ (grün, rot, orange, blau ...) aussortiert und benannt. Hierzu betrachten und vergleichen die Kinder nochmals die Farbdarstellungen auf den Sommerbildern.
Die einzelnen Arbeitsschritte zum Reißen und Aufkleben der Papierstreifen oder Schnipsel werden in der Klasse besprochen, genau erklärt und nochmals wiederholt. Die Lehrerin weist die Kinder darauf hin, beim Reißen auf die Länge und Breite der Streifen zu achten und beim Aufkleben an Überschneidungen der Farbstreifen zu denken. Die Streifen können auch – auf einer Wiese wachsenden Blumen ähnelnd – im Hochformat aufgeklebt werden. Eine Lehrerdemonstration kann ggf. unterstützend erfolgen.

Objektivierung
Jedes Kind zeichnet nun die Schablone zweimal auf Tonpapier auf und schneidet sie aus. Um Arbeit zu sparen, können die Kinder auch zwei Tonpapierbögen aufeinanderlegen und mithilfe von Büroklammern befestigen, bevor sie die Schablonen aufzeichnen und ausschneiden. So erhält man die zwei benötigten Bilderrahmen schneller. Anschließend werden aus Transparentpapier Streifen gerissen und diese nach und nach, mit geringen Überschneidungen, – beginnend am Steg des Bilderrahmens – aneinandergeklebt, bis der „Innenraum“ vollständig gefüllt ist. Danach kleben die Kinder den zweiten Rahmen genau auf den ersten. Zum Schluss werden die Sommerbilder an den Klassenzimmerfenstern befestigt.

Reflexion
Im Halbkreis vor den Fenstern stellen die Kinder ihre Werke und die Gedanken dazu vor. Außerdem werden die Arbeiten jeweils gewürdigt und im Hinblick auf die Gestaltungsidee und den Farbaspekt kritisch betrachtet. Die Kinder erkennen dabei auch die besondere Leuchtkraft, die die Fensterbilder entfalten.

Ausklang
Zum Abschluss bietet sich in Querverbindung zum Musikunterricht das Singen eines Sommerliedes an (z. B.: „Was im Sommer Spaß macht“, aus: So klingt der Sommer, Lieder für die Grundschule, Westermann Schulbuchverlag GmbH, Braunschweig).

Tafelbild

Was?	**Sommerlandschaft**	
Wie?	1. Rahmen zweimal ausschneiden 2. Streifen reißen und übereinander-kleben	
Womit?	Ton- und Transparentpapier	

3. Gestalten

Das Gestalten als fachdidaktische Tätigkeitsform hat zum Ziel, das bildnerisch-kreative Potenzial von Kindern zu entfalten. Dies geschieht am besten, wenn sich Gestaltungsanlässe, Themen und Motive auf den Interessens- und Erfahrungshorizont der Kinder beziehen. Auf die Fantasie der Kinder, ihre bildsprachlichen Fähigkeiten und handwerklichen Fertigkeiten aufbauend, tragen vielfältige Aktivitäten dazu bei, die Eigenständigkeit der Werkideen, die Intensität der bildnerischen Prozesse und die ästhetische Qualität der Ergebnisse zu steigern.

3.1 Zeichnen

Von Zeichnen spricht man, wenn ein Motiv mit Linien und Strichen dargestellt wird. Die Linie steht bei einer grafischen Darstellung also im Mittelpunkt. Grundsätzlich kann mit Stiften aller Art gezeichnet werden. Exemplarisch werden das Zeichnen mit dem Bleistift und das Malen mit Wachsmalkreiden näher betrachtet.
Für Bleistiftzeichnungen sind weiche Bleistifte (B oder 2B) besonders gut geeignet, damit die Bandbreite an Grautönen möglichst groß ist. Generell unterscheidet man bei einer Bleistiftzeichnung zwischen der Umrisslinie eines Motivs und der grafischen Gestaltung der Binnenfläche. Die Fläche kann sowohl durch die Technik der Schraffur als auch der Technik des Schummerns strukturiert werden. Während sich die Schraffur weiterer Striche bzw. Muster bedient, erhält man beim Schummern durch eine schräge Stifthaltung unterschiedliche Graustufen. Um für Schraffuren und Tonwertunterschiede sensibilisiert zu werden, bieten sich bestimmte Vorübungen an (siehe S. 42).

Auch für das Gestalten mit Wachsmal- oder Ölpastellkreiden können Technikübungen eingesetzt werden (siehe S. 44). Dabei geht es einerseits um den Gebrauch und die Anwendungsmöglichkeiten der Kreiden und andererseits um die Wirkung von Kreiden auf verschiedenfarbigem Papier. Das Erproben der Farbwirkung ist für Kinder besonders spannend.

Übung zum Erproben der Farbwirkung

Die Lehrerin gibt den Kindern folgenden Arbeitsauftrag: Malt immer die gleiche Zauberblume auf orangefarbenem, rotem, grünem, blauem und schwarzem Tonpapier.

Verwendet dabei möglichst viele verschiedene Farben.

- Was stellt ihr fest?
- Welche Farbe wirkt deckend?
- Welche Farbe wirkt transparent (durchsichtig)?

Name: ______________________ Datum: ____________ Klasse: ____

Zeichnen mit Holzkohle

Probiere aus:

Verwischen

Radieren

Grautonleiter:

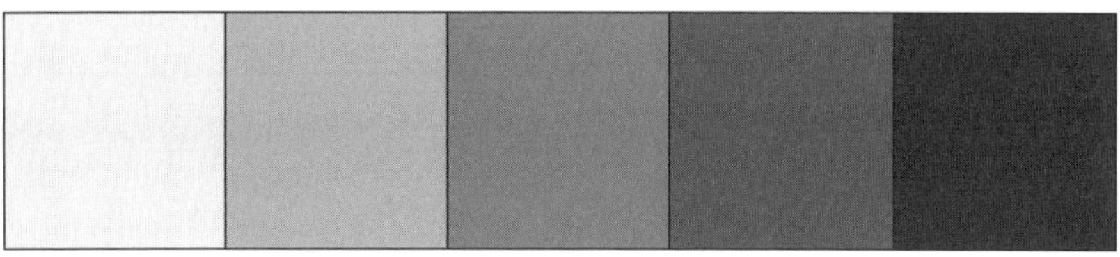

Zeichne die gleichen Grauwerte darunter:

Name: ______________________ Datum: ___________ Klasse: ____

Malen mit Kreiden

Zeichne mit der Spitze Linien.	
Drücke ganz fest auf.	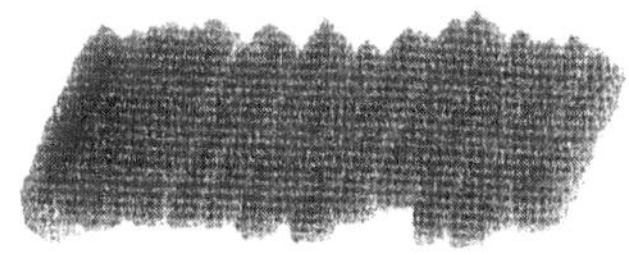
Drücke ganz leicht auf.	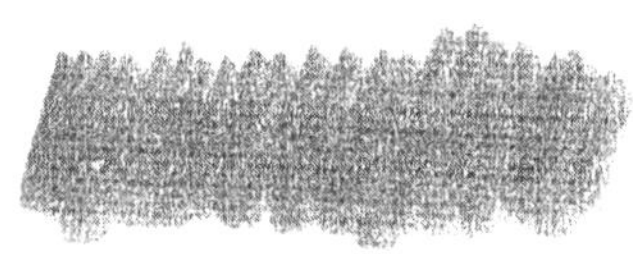
Male mit der breiten Seite.	

3.1.1 Bäume im Winter (Grafisches Gestalten/Holzkohlezeichnung)

Dauer: ca. eine Unterrichtsstunde

Lernziele

Die Kinder sollen mit Holzkohle auf braunem Tonpapier einen Baum zeichnen. Den Schnee am Boden, an den Zweigen und Ästen malen sie mit weißer Pastellkreide auf.

Materialien

- hellbraunes Tonpapier DIN A4 (Hochformat)
- Holzkohle
- weiße Pastellkreide
- Skizzenblätter

Didaktisch-methodische Vorüberlegungen

Kinderbilder weisen als schematisches Element immer wieder Bäume auf. Jedoch erleben die Kinder erst im Laufe ihres Grundschulalters Bäume als Gestaltzusammenhang und versuchen sie entsprechend darzustellen. Allerdings werden sie oft noch zur Übernahme bekannter Schemaformen verleitet.
Zur Umsetzung des Themas wurde als Material Holzkohle und Kreide gewählt, da es der Erkenntnis des organisch-formhaften Zusammenhanges Rechnung trägt.

Hinweise zum Unterrichtsverlauf

Vorbereitung

Die Lehrerin besorgt Holzkohle, hellbraunes Tonpapier (DIN A4) und weiße Pastellkreide.

Initiation

Mit einer Fantasiereise – evtl. mit Musik untermalt – lädt die Lehrerin die Kinder zu einem Winterspaziergang ein. Die Kinder äußern sich spontan, beschreiben ihre Eindrücke und berichten von Eigenerfahrungen. Schließlich wird zur Gestaltungsaufgabe übergeleitet.

Exploration

Im Unterrichtsgespräch beschreiben die Kinder das Aussehen verschiedener Bäume. Zur Veranschaulichung bieten sich Bilder z. B. aus Kalendern oder Zeitschriften (siehe auch CD-ROM) an, die den Kindern im Stuhlkreis gezeigt werden. Nun wird die Vorgehensweise beim Zeichnen des Baumes besprochen. Dabei ist wichtig, dass die Kinder immer wieder am unteren Ende des Stammes beginnen und in einem Zug Äste und Zweige anfügen. So wird der

Stamm am dicksten und die Zweige am dünnsten. Diese Vorgehensweise lässt sich so erklären, dass jeder Ast von den Wurzeln – also von ganz unten – seine Nahrung bekommt. Das Nachfahren mit den Fingern in der Luft dient zur Verdeutlichung und ist den Kindern dabei eine Hilfe. Nun schließt sich eine Experimentierphase an, um die Holzkohle als Zeichenmaterial kennen zu lernen und den Umgang mit ihr auszuprobieren. Die Kinder erfahren dabei, dass man zwar schnell zu einem Ergebnis kommt, aber sehr auf Sauberkeit achten muss. Schließlich wird noch besprochen, wie der Schnee, der auf dem Boden, den Ästen und den Zweigen liegt, aufzuzeichnen ist.

Objektivierung
Nun gestalten die Kinder ihren Baum mit Holzkohle auf braunem Tonpapier. Der Schnee wird mit weißer Pastellkreide aufgetragen.

Reflexion
Im Stehkreis werden die Werke der Schüler jeweils gewürdigt und im Hinblick auf die Umsetzung der Gestaltungsidee und die Ausführung kritisch betrachtet.

Ausklang
Die Bilder der Kinder werden im Klassenzimmer ausgestellt.

Vertiefung
Eine weiterführende Möglichkeit wäre, das Kunstbild „Baumstudie“ (1882) von Vincent van Gogh (s. CD-ROM) zu betrachten und mit den Werken der Kinder zu vergleichen.

Tafelbild

Was?	**Bäume im Winter** 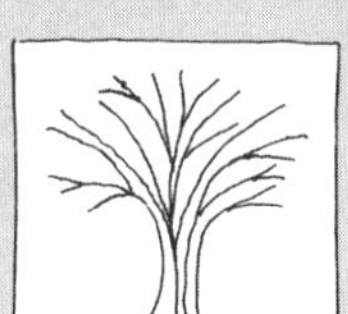	Bild: Baum im Winter
Wie?	1. Baum aufzeichnen von unten nach oben 2. Schnee am Boden und auf Ästen aufmalen	
Womit?	Zeichenkohle und weiße Pastellkreide	

Fantasiereise: „Winterspaziergang“

Setze dich bequem auf deinen Stuhl und schließe die Augen. Stell dir vor, du verlässt das Schulhaus. Draußen schneit es und die Schneeflocken tanzen zunächst wild durch die Luft. Schließlich hört es auf zu schneien. Du läufst durch den Wald. Da der Boden mit Schnee bedeckt ist, knirscht es bei jedem deiner Schritte. Du betrachtest die verschiedenen Bäume. Jeder sieht anders aus. Manche wachsen breit, andere schmal in die Höhe. Einige haben dicke, andere dünne Äste und Zweige. Aber alle sind sie mit Schnee bedeckt. So langsam wird dir kalt, du gehst durch den Wald zurück zur Schule. Du betrittst das warme Klassenzimmer wieder, räkelst und streckst dich noch einmal und öffnest langsam deine Augen.

3.1.2 Fische im Versteck (Grafisches Gestalten/Filzstiftzeichnung)

Dauer: ca. zwei Unterrichtsstunden

Lernziele

Die Schüler sollen verschiedene Fischformen in einem Schachbrettmuster so integrieren, dass durch das abwechselnde Einfärben der Flächen Überschneidungseffekte entstehen.

Materialien

- weißes (evtl. auch farbiges) Papier 21 cm × 21 cm
- Bleistifte, schwarze Filzstifte
- Skizzenpapier
- Lineal
- Abbildung „Finde den Fisch“

Didaktisch-methodische Vorüberlegungen

Viele Fische sind Meister der Tarnung. Sie passen ihre Färbung geschickt dem Untergrund an und können in kürzester Zeit zwischen verschiedenen Musterungen wechseln. Hierzu werden von Wissenschaftlern immer wieder Experimente durchgeführt. Beispielsweise wurden Fische in Wasserbecken gesetzt, deren Böden Schachbrettmuster unterschiedlicher Farben aufwiesen. Es zeigte sich, dass die Tarnungskünstler ihre Färbung dem Untergrund entsprechend anpassen können. Dieses erstaunliche Phänomen beschäftigt nicht nur Wissenschaftler, sondern fasziniert auch die Kinder und bietet einen Anreiz für eine künstlerische Gestaltung.

Hinweise zum Unterrichtsverlauf

Vorbereitung
Die Lehrerin schneidet das Papier quadratisch zu und vergrößert die Abbildung „Findet den Fisch" (siehe CD-ROM).

Initiation
Zum Einstieg zeigt die Lehrerin als stummen Impuls das Bild des versteckten Fisches. Die Kinder äußern sich dazu und entdecken bei genauerer Betrachtung den getarnten Fisch. Dass manche Fische wahre Tarnungskünstler sind, dürfte einigen Kindern bekannt sein, so dass sie hierzu ihr Vorwissen einbringen können. Im Unterrichtsgespräch informiert die Lehrerin die Kinder darüber, dass selbst Wissenschaftler immer wieder von diesem Phänomen begeistert sind und beschreibt das „Schachbrett-Experiment". Vermutungen der Kinder zur Gestaltung schließen sich an. Dann erklärt die Lehrerin das Vorhaben, Fische in einem Schachbrettmuster zu verstecken.

Exploration
Um die Schachbrett-Vorlage herzustellen, erhalten die Kinder zunächst ein quadratisches Malblatt, das wie folgt gefaltet wird:
Als erstes wird das Blatt halbiert (Buch) und wieder auseinandergeklappt. Nun werden die Seiten auf die Mittelfalz geknickt (Schrank). Der Knick bis zur Mittelfalz wird nochmals wiederholt (eingeklappter Schrank). Dann wird das Blatt auseinandergefaltet, um 90 Grad gedreht und nach der gleichen Faltvorschrift geknickt. Wenn das Blatt auseinandergefaltet wird, entstehen 64 gleiche Quadrate. Beim Falten ist wichtig, dass die Kinder möglichst genau arbeiten und die Knicke mit Fingernagel oder Lineal nachfahren.

Um möglichst viele unterschiedliche Fischformen zu sammeln, erhalten die Kinder zunächst den Auftrag, Fische (z. B. Delfine, Haie, Seepferdchen, Tintenfische ...) als Umriss auf Skizzenpapier zu malen. Je nach Kenntnisstand der Kinder kann hierzu auch eine Abbildung mit verschiedenen Fischformen (siehe

S. 51) als Differenzierungsangebot einbezogen werden. Im Stehkreis werden die Entwürfe der Kinder besprochen und gelungene Beispiele an der Tafel gesammelt.

Nun erfolgt die Besprechung der Arbeitsschritte. Nach dem Einzeichnen verschiedener Fischumrisse mit Bleistift erfolgt die Schwarzfärbung mit einem Filzstift. Dabei wird wie bei einen Schachbrett jedes zweite Feld (am besten links oben beginnend) schwarz gefärbt. Dabei gilt folgende Färbungsregel: Ist ein Teil eines Fisches in einem weißen Feld, wird er schwarz gefärbt. Ist ein Teil eines Fisches in einem schwarzen Feld, bleibt er weiß. Günstig ist es, wenn die Lehrerin dies mit einer kleinen Skizze an der Tafel verdeutlicht (Färbebeispiel siehe CD-ROM).

Objektivierung
Die Kinder zeichnen auf ihre Schachbrett-Vorlage verschiedene Fischformen als Umriss auf. Im Anschluss färben sie die Flächen gemäß der Färbungsregel mit schwarzem Filzstift ein. Als Hilfsmittel können die Kinder auch ihr Lineal benutzen. Damit die Fische optisch heraustreten, muss sehr exakt gearbeitet werden. Kleinste Abweichungen im Muster reduzieren den Überschneidungseffekt.

Reflexion
Im Stehkreis stellen die Kinder ihre Werke vor. Sie werden jeweils gewürdigt und kritisch betrachtet. Die vorher festgelegten Kriterien dienen dabei als Gesprächsbasis:

- Variation und Vielfalt der Fischformen
- durchgängige Anwendung der Färbungsregel
- Sauberkeit der Ausführung

Ausklang
Die Arbeiten der Kinder werden im Schulhaus ausgestellt.

Vertiefung
Darüber hinaus bietet sich eine Bildbetrachtung aus der Schaffensperiode „Noir et blanc“ von Victor Vasarely (siehe CD-ROM) an. Da er bei diesem Bild die positive und negative Version einer Zeichnung zusammenfallen ließ, entsteht durch die Überschneidungseffekte der Eindruck gegeneinander verschobener räumlicher Schichten.

Tafelbild

Was? **Fische im Versteck**

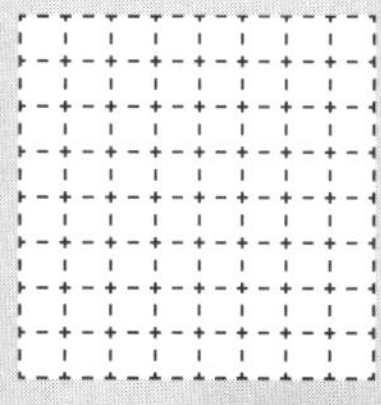

Wie?

1. Schachbrett-Vorlage herstellen
2. Fische mit Bleistift einzeichnen
3. Flächen abwechselnd schwarz färben
   - Fische im weißen Feld → schwarz
   - Fische im schwarzen Feld → weiß

Womit? schwarzer Filzstift

Vorlage Fischformen

3.2 Drucken

Unter Drucken versteht man jede Technik, bei der ein Abdruck eines Objektes auf ein anderes übertragen wird. Es muss also immer ein Objekt da sein, mit dem gedruckt wird (Druckstock) und eines, worauf gedruckt wird. Die Drucktechniken sind dem Bereich der Grafik zuzuordnen. Von den anderen bildenden Künsten unterscheidet sich das Drucken dadurch, dass man eine Oberfläche gestaltet, ohne dass auf diese unmittelbar gemalt oder gezeichnet wird. Der Druckstock wird eingefärbt und verursacht dann auf dem Untergrund ein seitenverkehrtes Druckbild. Dieser Prozess ist nur bedingt kontrollierbar, sodass es beim Abziehen des bedruckten Blattes häufig zu Überraschungen kommt. Darüber hinaus ist es besonders spannend, dass man einen Druck mehrfach wiederholen kann.
Im künstlerischen Bereich wird eine Vielzahl unterschiedlicher druckgrafischer Verfahren voneinander unterschieden. Für die Grundschule sind vor allem der Hochdruck, der Siebdruck, die Monotypie und die Frottage geeignete Techniken.

Hochdruck (z. B. Stempel-, Material-, Pappteil- und Styrenedruck): Das Hochdruckverfahren heißt so, weil nur das gedruckt wird, was hoch, also erhaben ist. Folglich sind nach dem Druckvorgang alle hochstehenden Teile sichtbar, tiefer liegende Flächen dagegen bleiben ungefärbt.

Siebdruck: Die Besonderheit dieser Technik besteht darin, dass durch die Lücken einer Druckform (z. B. einer Schablone) Druckfarbe auf den Untergrund übertragen wird, ohne diesen mit Malwerkzeugen direkt zu berühren. Die nicht zu druckenden Stellen werden beim Auftragen der Farbe durch die Schablone abgedeckt.

Monotypie: Die Monotypie ist die einfachste Drucktechnik. Mit einer langsam trocknenden Druckfarbe wird zunächst ein Bild auf eine Glasplatte gemalt. Danach wird ein (angefeuchteter) Papierbogen darüber gelegt. Beim Abziehen von der Platte erscheint auf dem Papier der Farbdruck. Allerdings kann man von jeder Druckplatte nur einen Abzug gewinnen.

Frottage: Unter Frottage versteht man die Technik des Durchreibens von strukturierten Oberflächen auf Papier. Dabei wird Papier auf die Oberfläche gelegt und mit einem schräg gehaltenen Stift (z. B. Bleistift, Holzfarbstift oder Wachsmalkreide) gleichmäßig über den Gegenstand gerieben, sodass dessen Oberflächenstruktur sichtbar wird.

3.2.1 Der Abdruck meiner Hand verwandelt sich (farbiges Gestalten/Handdruck)

Dauer: ca. eine Unterrichtsstunde

Lernziele

Die Kinder sollen ihre Hand mit Wasserfarben einfärben, abdrucken und den getrockneten Handabdruck zu einer lustigen Figur oder einem Tier ausgestalten.

Materialien

- Zeichenblöcke DIN A4
- Wasserfarben, Wassergefäße, Läppchen
- dicke Borstenpinsel
- Skizzenblätter

Didaktisch-methodische Vorüberlegungen

Der Handdruck gehört zu den Hochdruckverfahren. Die Besonderheit dieser Technik ist, dass als Druckstock oder Druckstempel die Handfläche der Kinder dient. Die farbige Ausgestaltung des eigenen Handabdruckes zu einer menschen- oder tierähnlichen Figur regt die Fantasie der Kinder in besonderem Maße an.

Hinweise zum Unterrichtsverlauf

Vorbereitung

Die Lehrerin bereitet einen Handdruck und ein Beispiel zur farbigen Ausgestaltung (siehe CD-ROM) vor.

Initiation

Zum Einstieg heftet die Lehrerin als stummen Impuls das Bild eines Handabdruckes an die Tafel. Die Kinder äußern sich dazu, erkennen die Form der Hand und erklären, wie der Abdruck entstanden ist. Nun hängt die Lehrerin als weiteres Bild einen ausgestalteten Handabdruck daneben, so dass die Kinder einerseits die gestaltete Figur und andererseits den ursprünglichen Handabdruck entdecken können und zur Veranschaulichung mit dem Finger umfahren werden kann. Vermutungen der Kinder zum Bildinhalt schließen sich an. Die Idee, den eigenen Handabdruck zu verwandeln, wird an der Tafel fixiert.

Exploration (1): Druck

Nachdem in der Klasse gemeinsam die Besonderheiten der Drucktechnik (Farbe im Wasserfarbkasten gut anrühren, mit dem Pinsel viel Farbe aufnehmen und die Hand deckend und möglichst schnell einfärben, danach fest abdrucken)

besprochen wurden, schließt sich nun die Erprobungsphase auf Skizzenblättern an. Im Halbkreis vor der Tafel erfolgt eine kurze Auswertung der Experimentierphase.
Kriterien für die Besprechung:

- Wie gut ist die Hand zu erkennen?
- Wurde zu viel oder zu wenig Farbe verwendet?

Objektivierung (1)
Jetzt drucken die Kinder ihre Hand auf ein DIN-A4-Zeichenblatt.

Exploration (2): Farbiges Gestalten
Um ein möglichst vielfältiges Repertoire an Gestaltungsanregungen zu schaffen, werden während des Trocknens der Handabdrücke die Ideen der Kinder zur Ausgestaltung gesammelt.

Objektivierung (2)
Nun verwandeln die Kinder ihren Handabdruck zu einer lustigen Figur oder einem witzigen (Fantasie-)Tier.

Reflexion
Im Stehkreis werden die Arbeitsergebnisse der Kinder gewürdigt und im Hinblick auf die Gestaltungsidee und deren Umsetzung kritisch betrachtet. Dabei stellen einzelne Kinder ihre Figur vor.

Ausklang
Die Arbeiten der Kinder werden im Klassenzimmer ausgestellt.

Tafelbild

Was?	**Der Abdruck meiner Hand verwandelt sich**
Wie?	1. Hand einfärben und abdrucken
	2. lustige Figur oder Tier malen
Womit?	Wasserfarben

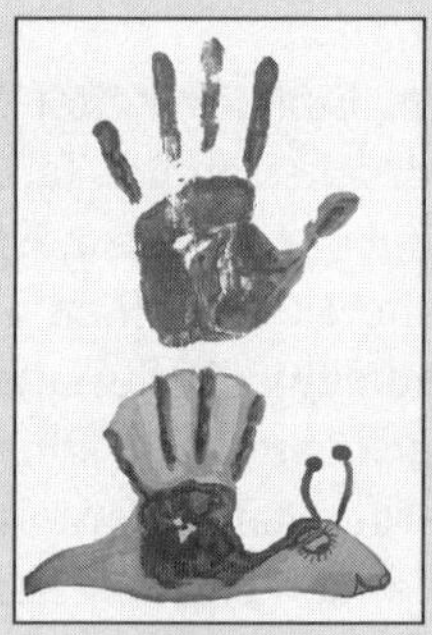

Handabdruck

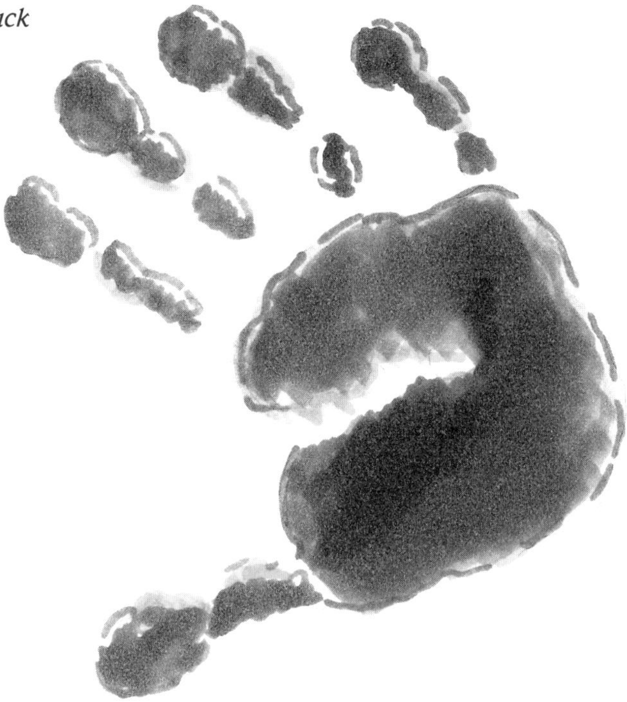

3.2.2 Schneekristalle (Pappkantendruck)

Dauer: eine Unterrichtsstunde

Lernziele
Die Kinder sollen Schneeflocken – nach Möglichkeit unter einem Mikroskop – betrachten und deren Aussehen beschreiben. Mit Pappkanten und Deckweiß drucken sie auf blaues Tonpapier eigene Eiskristalle.

Materialien
- blaues Tonpapier in quadratischer Form (ca. 20 cm × 20 cm)
- Pappkanten aus stärkerem Karton (verschieden große rechteckige oder viereckige Formen)
- Klorollen
- Deckweiß
- Borstenpinsel in mittlerer Stärke
- Wassergefäße
- Skizzenblätter

Didaktisch-methodische Vorüberlegungen

Schnee und daraus erwachsende Winterfreuden (Schneeballschlacht, Ski- und Schlittenfahren, Eislaufen, Schneemann bauen usw.) sind jedes Jahr ein herrliches Erlebnis für alle Kinder. Unter einer Lupe betrachtet, nehmen die Schneekristalle, die zwar alle sechs Zacken haben, in ihrer Gesamtform bizarre und höchst unterschiedliche Formen an. Die praktische Umsetzung erfolgt als Pappkantendruck. Die einmal gewonnenen Druckformen können beim Pappkantendruckverfahren mehrmals verwendet werden.

Hinweise zum Unterrichtsverlauf

Initiation

Zum Einstieg werden an einem Schneetag charakteristische Eigenschaften zur Jahreszeit Winter gesammelt. Die Kinder bringen dabei ihre Erfahrungen mit dem Schnee ein. Wie aber sehen Schneeflocken aus?

Exploration

Besonders spannend ist es für die Kinder, Schneekristalle im Freien unter einer Lupe zu betrachten und zu beschreiben. Alternativ können verschiedene bildhafte Darstellungen von Schneekristallen (siehe CD-ROM) miteinander verglichen werden. Die Kinder beschreiben das Aussehen und stellen Unterschiede heraus. Nun werden den Kindern die vorbereiteten Pappkanten als stummer Impuls gezeigt und der von der Mitte aus beginnende Aufdruck besprochen. Zur Veranschaulichung kann ein Schneekristall mit Streichhölzern und kleinen Gummiringen auf dem OHP nachgelegt werden. Herauszuarbeiten ist hierbei, dass Schneekristalle immer sechs Zacken haben. Dann entwerfen die Kinder zunächst eine Schneeflocke mit Bleistift auf einem Skizzenblatt.
Sollte die Technik des Pappkantendruckes noch nicht bekannt sein, bietet sich eine Lehrerdemonstration im Stehkreis um einen Tisch herum an. Je nach Vorerfahrungen der Kinder kann auch der Pappkantendruck zunächst auf einem Extrablatt erprobt werden.

Objektivierung

Mit Hilfe von Bleistift und Lineal legen die Kinder die Mitte ihres Tonpapierblattes fest. Dann färben sie die Pappkanten mit Deckweiß ein und drucken die Form eines Schneekristalls auf das blaue Tonpapier auf.

Reflexion

Im Stehkreis werden die Werke der Kinder gewürdigt und im Hinblick auf die Form der Schneekristalle und deren Ausführung kritisch betrachtet.

Ausklang
Die Arbeiten der Kinder werden im Klassenzimmer ausgestellt. Zum Abschluss bietet sich in Querverbindung zum Musikunterricht das Singen eines Winterliedes (z. B: „Kinder-Winter-Zeit“, aus: Klassenhits, VBE Verlag NRW, Dortmund 2001) an.

Tafelbild

Was?	**Schneekristalle**
Wie?	1. Form überlegen 2. in der Mitte beginnen 3. Kante einfärben und abdrucken

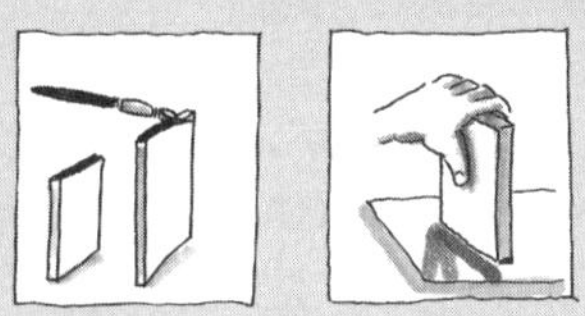

Womit?	Deckweiß, Pappkanten

Vorlage Schneekristalle

3.3 Malen

Unter Malen versteht man das Auftragen von Farbe auf einer Fläche. Es steht eine Vielzahl von Farben zur Auswahl, wobei in der Grundschule die Wasserfarben im Mittelpunkt stehen. Ebenso gibt es verschiedenste Möglichkeiten, Farbe auf den Malgrund aufzutragen. Neben dem Malen mit Schwämmen soll vor allem das Malen mit Haar- und Borstenpinsel erprobt werden. Damit die Kinder den Umgang mit Wasserfarben erlernen, kann man die Technik zunächst mit verschiedenen Übungen schulen.

Übung zum Umgang mit Haar- und Borstenpinsel (siehe S. 60 oben)
Der Haarpinsel dient in erster Linie zum Malen feiner Linien und Details. Gut geeignet ist er für das lasierende Malen, d. h. dem Malen mit viel Wasser. Demgegenüber findet der Borstenpinsel vor allem beim Ausmalen größerer Flächen sowie beim pastosen Malen, d. h. dem Malen mit viel Farbe, Anwendung.

Übung zum sauberen Malen (siehe S. 60 unten)
Hier sollte vor allem darauf geachtet werden, dass die Pinsel beim Farbwechsel gut ausgewaschen und auf dem Mallappen getrocknet werden. Nur so entfaltet sich die volle Leuchtkraft der Farben. Um einen deckenden Farbauftrag zu erzielen, wird die Farbe so lange gerührt, bis sich Bläschen bilden.

Übung zum deckenden und lasierenden Malen (siehe S. 61)
Um den Unterschied zwischen einer dick angerührten Farbe und einer wässrigen Farbkonsistenz deutlich zu machen, sollen die Kinder anhand dreier exemplarisch ausgewählter Farben jeweils ein Feld mit viel Farbe und wenig Wasser und das gegenüberliegende Feld mit wenig Farbe und viel Wasser bemalen.

Übung zum Aufhellen und Abdunkeln (siehe S. 62 oben)
Die Farbpalette des Wasserfarbkastens erschöpft sich nicht in der Anzahl der Farbnäpfchen. Vielmehr können Farben durch Weiß aufgehellt bzw. durch Schwarz abgedunkelt werden. So lässt sich das verwendbare Farbenspektrum immens erweitern.

Übung zum Umgang mit dem Schwamm (siehe S. 62 unten)
Der Schwamm eignet sich besonders gut für die Erstellung von Hintergründen, denn es können sehr zügig größere Flächen eingefärbt werden. Mit dem Schwamm wird die Farbe entweder aufgestrichen, aufgetupft oder kreisförmig aufgerieben. Darüber hinaus können Farbmischungen durch das Ineinandertupfen zweier Farben erzeugt werden.

Zum Malen gehört auch die Farbenlehre. Es wird zwischen Grundfarben (Gelb, Rot, Blau) und Mischfarben unterschieden. Aus den Grundfarben lassen sich alle übrigen Farben mischen – mit Ausnahme von Weiß. Letzteres zählt zusammen mit Schwarz zu den sogenannten Nichtfarben. Zum Bereich Farbenlehre bieten sich ebenfalls kleine Übungen an.

Übung zu den Grundfarben
Siehe S. 63

Übung zu den Mischfarben (siehe S. 64)
Das Mischen von Farben macht den Kindern einerseits Spaß, andererseits liefert es ihnen erste Einblicke in die Farbenlehre. Aus den drei Grundfarben können folgende Mischfarben hergestellt werden:

- Gelb und Rot = Orange
- Rot und Blau = Violett
- Blau und Gelb = Grün

Übungen zum Farbkreis (siehe CD-ROM und S. 65)
Für Kinder ist es spannend, mit Farbmischungen zu experimentieren. Mit Hilfe des Farbkreises können sie erfahren, wie die Farben zueinander in Beziehung stehen. Neben den Grund- und Mischfarben lassen sich auch im Farbkreis Farbkontraste visualisieren. Künstler verwenden oft Farbkontraste, um Bilder spannender zu gestalten. Farbkontraste zeigen, dass sich Farben gegenseitig beeinflussen und voneinander abhängig sind. Zu den wichtigsten Farbkontrasten gehören der Kalt-Warm-Kontrast und der Komplementärkontrast.

Kalt-Warm-Kontrast: Dieser Kontrast beschreibt, was Menschen beim Anblick einer Farbe empfinden. Versuche haben gezeigt, dass bei gleicher Zimmertemperatur blaue Wände als „kalt", orange-rote Wände aber als „warm" empfunden werden. Die obere Hälfte des Farbkreises (Gelb bis Rotviolett) gilt allgemein als warme Farben, die untere Hälfte (Gelbgrün bis Violett) als kalte Farben, wobei die Übergänge fließend sind.

Komplementärkontrast: Komplementärfarben stehen sich im Farbkreis genau gegenüber (Rot/Grün, Gelb/Violett, Blau/Orange) und werden daher auch als Gegenfarben bezeichnet. Sind zwei Farben komplementär, verstärken sie sich gegenseitig in ihrer Leuchtkraft. Miteinander gemischt ergeben sie Grau.

Die verschiedenen Übungen können entweder als eine Art „Malkurs" eingesetzt werden, oder aber immer dann zur Anwendung kommen, wenn für die Behandlung eines Themas ein bestimmter Aspekt von Bedeutung ist.

Name: ______________________ Datum: ___________ Klasse: ____

Kleine Pinselschule

Haarpinsel 	Borstenpinsel 
Punkte:	Tupfen:
Linien:	Striche:

Name: ______________________ Datum: ___________ Klasse: ____

Leuchtende Farben

Male die drei Kreise mit deinen Lieblingsfarben aus.

Name: ______________________ Datum: __________ Klasse: ____

Wenig Farbe – viel Farbe

viel Farbe, wenig Wasser 	wenig Farbe, viel Wasser 

Name: ______________________ Datum: ___________ Klasse: ____

Eine Farbe wird heller oder dunkler

Aufhellen mit Weiß	Ausgangsfarbe	Abdunkeln mit Schwarz

Name: ______________________ Datum: ___________ Klasse: ____

Was der Schwamm alles kann

Probiere mit Schwamm und Farbe aus:

aufstreichen	kreisförmig aufreiben
eine Farbe auftupfen	zwei Farben ineinander tupfen

Name: ______________________ Datum: ___________ Klasse: ____

Die drei Grundfarben

Teile das Feld in verschiedene Flächen auf und male sie mit den Grundfarben an.

Name: ______________________ Datum: ___________ Klasse: ____

Farben mischen

1. Farbe | **2. Farbe** | **Ergebnis (Mischfarbe)**

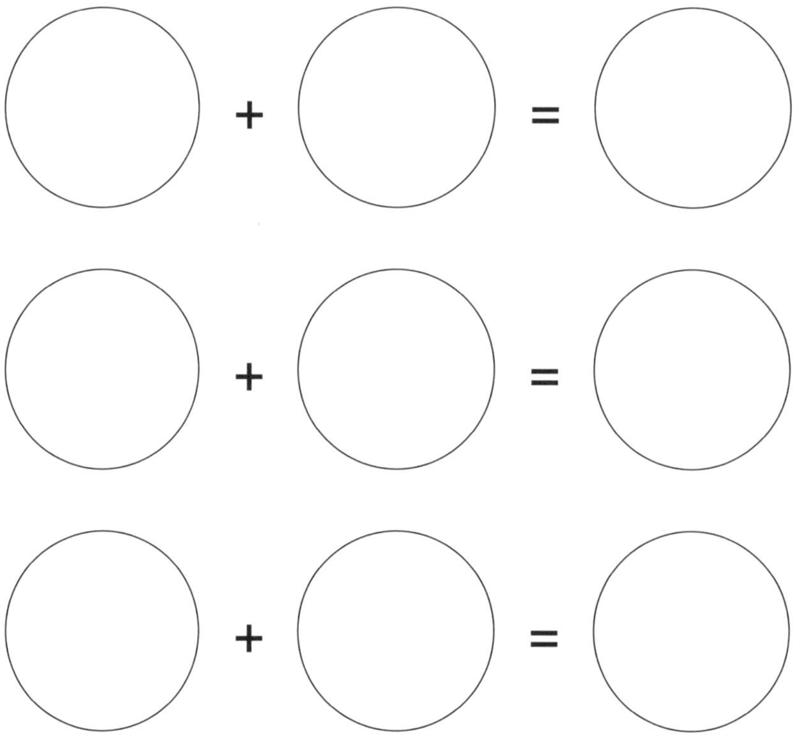

Name: ______________________ Datum: __________ Klasse: ____

Farbkreis

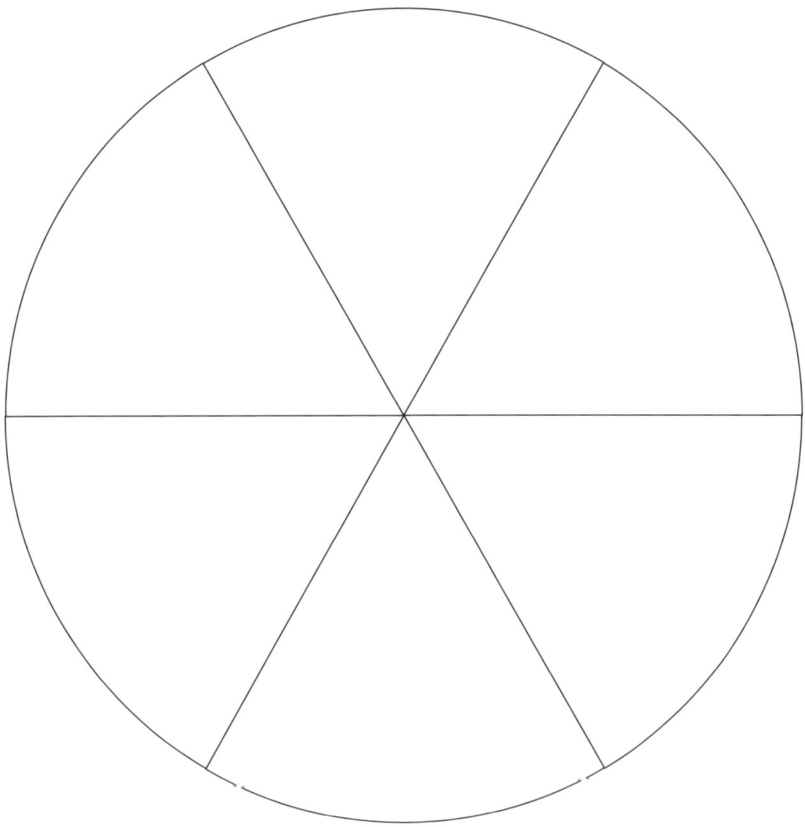

3.3.1 Der kleine Wassermann versteckt sich im Schilf (Farbiges Gestalten mit Wasserfarben/Collage)

Dauer: ca. zwei Unterrichtsstunden

Lernziele

Die Kinder sollen das Aussehen des kleinen Wassermannes beschreiben, ihn formatfüllend malen, ausschneiden und auf ein farbig grundiertes Blatt aufkleben. Die Grünpflanzen werden dann aus einem mit verschiedenen Grüntönen eingefärbtes Zeitungspapier ausgerissen und vor den Wassermann geklebt.

Materialien

- Zeichenblöcke DIN A3 (Hochformat)
- Wasserfarben, Wassergefäße
- Pinsel mittlerer Stärke
- Schwämmchen
- Zeitungspapier, Scheren, Klebestifte

Didaktisch-methodische Vorüberlegungen

Psychologische Untersuchungen bestätigen uns nicht nur die Empfänglichkeit der Kinder für Märchengehalte, sondern auch die große Bedeutung der Märchen und märchenhafter Gestalten für die Entwicklung der Kinder. Sie regen besonders die Fantasie an, zumal Kinder im Grundschulalter noch an eine minder wirkliche Welt glauben, die sie sich unerreichbar in einem fernen Land, oder jenseits eines großen Sees vorstellen.

Der Figur des kleinen Wassermanns begegnen wir im Kinderbuch „Der kleine Wassermann“ von Otfried Preußler. Hier wird er nicht dargestellt als furchterregendes Ungeheuer, sondern als liebenswerte Gestalt mit allen menschlichen Schwächen und Eigenheiten, was eine Identifikation mit der Figur möglich macht. Auch aus diesem Grund bietet sich der Märchengehalt als Grundlage für die Unterrichtsstunde an.

Hinweise zum Unterrichtsverlauf

Initiation

Zum Einstieg erzählt die Lehrerin eine kurze Fantasiereise mit Musik, die die Kinder an den Ort des Geschehens führen soll. Dazu versammeln sich die Kinder im Sitzkreis. Nachdem sie neugierig geworden sind und Vermutungen geäußert haben, wer da unter Wasser lebt, stellt die Lehrerin das Buch oder die Geschichte vom kleinen Wassermann vor und erzählt oder liest eine Textstelle vor. (z. B.: S. 22 ff. „Kreuz und quer durch den Mühlenweiher“). Danach erhalten die Kinder kurz Gelegenheit, sich dazu zu äußern und so auch den

Bildinhalt zu erfassen. Obwohl der kleine Wassermann im Buch als Mensch mit Armen und Beinen abgebildet ist, sollen die Kinder ihn mit Flosse, Dreizack usw. darstellen.

Exploration
Nun wird das Aussehen eines Wassermanns besprochen. Hier können die Kinder ihr Vorwissen einbringen, aber auch ihrer Fantasie freien Lauf lassen. Natürlich ist auch ein Bild eine Möglichkeit, das Aussehen zu veranschaulichen.
Auf jeden Fall sollten die Erkennungsmerkmale: Dreizack, Flosse und Krone angesprochen und benannt werden. Aufgrund der Tatsache, dass der Wassermann unter Wasser lebt, es dort kalt, nass und glitschig ist, ergibt sich eine Farbbeschränkung auf kalte Farben (Blautöne, Grüntöne, schwarz, weiß). Die Farben und Mischmöglichkeiten müssen noch einmal benannt werden. Sie werden auch an der Tafel festgehalten. Die Lehrerin verweist an dieser Stelle auf den satten Farbauftrag (viel Farbe, wenig Wasser).

Objektivierung
Zunächst malen die Kinder ihren Wassermann formatfüllend auf ein weißes Blockblatt (Hochformat).
Danach muss ein weiteres Blockblatt als Hintergrund und das Zeitungspapier mit einem Schwämmchen in wässrigem Grün/Blau (Wasser, Grünpflanzen) eingefärbt werden. In dieser Zeit kann das Wassermannbild gründlich trocknen, bevor es ausgeschnitten und auf den Hintergrund aufgeklebt wird.
Nach einer kurzen Zwischenbesprechung über das Aussehen von Wasserpflanzen und Halmen, reißen die Kinder verschiedene Grashalme aus der vorbereiteten und eingefärbten Zeitung aus, ordnen sie vor dem kleinen Wassermann an und kleben sie fest.

Reflexion
Im Stehkreis werden die Werke der Kinder gewürdigt und im Hinblick auf die Gestaltungsidee und deren Ausführung kritisch betrachtet.

Ausklang
Am Ende könnte noch ein weiteres Kapitel aus dem Buch vorgelesen werden.

Tafelbild

Was?	**Der kleine Wassermann versteckt sich im Schilf**
Wie?	1. Wassermann malen und ausschneiden 2. Hintergrund mit Schwämmchen einfärben 3. Zeitung mit Schwämmchen einfärben → Wasserpflanzen reißen 4. Wassermann und Wasserpflanzen aufkleben
Womit?	Wasserfarben: blau, grün, weiß, schwarz

Fantasiereise

Setze dich bequem auf deinen Stuhl und schließe die Augen.
Wir machen nun eine weite Reise und fahren weit weg von hier. Du kannst vielleicht schon hören, wohin unsere Reise geht und wo wir uns jetzt befinden.
Wir gehen ganz tief unter Wasser. Am Meeresboden sind Kieselsteine zu sehen. Die machen das Wasser zwar klar, aber es ist ziemlich kühl. Aus dem Boden wachsen hohe Schilf- und Schlingpflanzen in verschiedenen Grüntönen. Auch andere Wasser- und Blattpflanzen sind zu erkennen.
Da hinter den Pflanzen versteckt sich doch etwas – oder jemand? Was oder wer mag das wohl sein?
Lass noch kurz die Augen geschlossen und stell dir vor, was oder wer sich hinter den Pflanzen versteckt haben könnte.
Jetzt tauchen wir aber wieder aus dem Wasser auf. Öffne die Augen und recke und strecke dich ein wenig.

3.3.2 Comics vergrößern (Grafisches Gestalten/Farbiges Gestalten mit Wasserfarben)

Dauer: ca. 4 Unterrichtsstunden

Lernziele
Die Kinder sollen eine selbstausgewählte Comicfigur oder Comicszene maßstabsgetreu vergrößern und mit Wasserfarben farbgetreu ausgestalten.

Materialien
- Bilder von Comicfiguren
- Zeichenblock (DIN A3)
- kariertes Papier
- Wasserfarben, Wassergefäß
- Lineal und Bleistift
- schwarze Filzstifte
- Borstenpinsel unterschiedlicher Größe

Didaktisch-methodische Vorüberlegungen
Comics spielen im Alltag von Grundschulkindern eine wichtige Rolle. Sei es in Zeitschriften, Fernsehserien oder Computerspielen, überall tauchen Comicgestalten auf. Sie regen die Fantasie an und fördern die Kompetenz im Umgang mit unterschiedlichen Bildsprachen. Bei näherer Beschäftigung mit Comics zeigt sich, dass sie nicht nur Anlass für literarische, sondern auch für interessante mathematische und künstlerische Aufgabenstellungen sein können.

Hinweise zum Unterrichtsverlauf

Vorbereitung
Die Grundlage für die Durchführung dieser Sequenz bildet die Erarbeitung des Maßstabes im Mathematikunterricht. Darüber hinaus erhalten die Kinder als vorbereitende Hausaufgabe den Auftrag, Comics und Comicbilder mit in die Schule zu bringen.

Initiation
Im Sitzkreis stellen die Kinder ihre Comic-Helden vor und erzählen dazugehörige Szenen oder kleine Geschichten. Die Kinder können aber auch beschreiben, was ihnen an ihrer Lieblingsfigur besonders gefällt. Über die Provokation, dass die meisten Comicbilder sehr klein sind, und dem stillen Impuls eines Zeichenblattes, stellen die Kinder Vermutungen zur Gestaltung an. Mit Hinweis auf den Mathematikunterricht erklärt die Lehrerin das Vorhaben, Comicfiguren zu vergrößern.

Exploration
Zunächst erproben die Kinder die Vergrößerung in verschiedenen Gitternetzen. (s. S. 73 f.) Hierzu übertragen sie eine einfache Figur von einem Gitternetz in ein anderes. Dabei erfahren sie, dass es vor allem auf den genauen und exakten Übertrag von Kästchen zu Kästchen ankommt.

Objektivierung
Nun wählt jedes Kind eine Comicgestalt aus, die ihm am besten gefällt. Eine Differenzierung ist möglich, indem leistungsstärkere Kinder sich für die bildliche Darstellung einer ganzen Comicszene entscheiden. Um die Vorlage für die Vergrößerung zu erhalten, kleben die Kinder ihren ausgeschnittenen Bildausschnitt auf ein kariertes Blatt. Mit Hilfe von Lineal und Bleistift übertragen sie das Karomuster des Papiers auf ihren Comic, so dass ein Gitternetz (Raster 0,5 cm × 0,5 cm) entsteht. Damit Proportionen und Formen im Bild erhalten bleiben, gilt es für die Vergrößerung einen geeigneten Maßstab zu wählen. Je nach individueller Vorlagengröße zeichnen die Kinder mit Bleistift und Lineal ein Gitternetz im jeweils größtmöglichen Maßstab (z. B. 2:1, 4:1 oder 5:1) auf ein A3-Zeichenblatt auf. Sodann erfolgt das getreue Nachzeichnen der Comicumrisse mit Bleistift und anschließend die farbige Ausgestaltung mit Wasserfarben und Borstenpinsel. Besonderer Bedeutung kommt dabei der Mischung der Farben zu, so dass sie möglichst nah an die Bildvorlage gelangen. Um die Intensität der Farben hervorzuheben, werden zum Schluss die Konturen und die Schrift mit einem schwarzen Filzstift nachgezogen.

Reflexion
Im Stehkreis stellen die Kinder die fertigen Arbeiten vor. Besonders faszinierend ist für die Kinder die verschiedenartige Wirkung der Bilder durch die unterschiedliche Größe. Im Mittelpunkt steht der Vergleich des „kleinen“ Originals mit der eigenen Vergrößerung. Dies fordert die visuelle Wahrnehmung der Kinder in besonderem Maße. Denn Unterschiede zum Original liegen vor allem im Detail, wie zum Beispiel kleine Vereinfachungen, differente Farb- oder Textgestaltungen.

Ausklang
Die vergrößerten Comics werden im Klassenzimmer oder im Schulhaus ausgestellt. Da auch in der Kunstszene Comics anerkannt sind, bietet sich eine Auseinandersetzung mit den Werken des Pop-Art Künstlers Roy Lichtenstein zur Weiterarbeit an.

Tafelbild

Was?	**Comicfigur vergrößern**
Wie?	1. Vorlage erstellen 2. vergrößertes Gitternetz zeichnen → mögliche Maßstäbe: 2:1, 4:1, 5:1 ...) 3. Umrisse mit Bleistift übertragen 4. farbig ausgestalten
Womit?	Bleistift, Lineal, Wasserfarben, Borstenpinsel, schwarzer Filzstift

Beispielhafte Comicfiguren

Name: ______________________ Datum: __________ Klasse: ____

Vergrößern und Verkleinern mit Karopapier

Zeichne dieselbe Figur in 3 verschiedenen Größen.

3.3.3 In Flammen (Vorgestaltung mit Wasserfarben/Bildbetrachtung)

Dauer: ca. eine Unterrichtstunde

Lernziele

Die Kinder sollen ausgehend von Flammen als Bildimpuls fantasievolle Ideen entwickeln, was in Brand geraten sein könnte. Anschließend sollen sie diese Idee bildnerisch umsetzen und formatfüllend mit Wasserfarben malen.

Materialien

- Zeichenblock DIN A3
- Abbildung „Flammen“
- Holzfarbstifte
- Wasserfarben, Wassergefäße
- Borstenpinsel
- Skizzenblätter

Didaktisch-methodische Vorüberlegungen

Neben Wasser, Erde und Luft gehört Feuer zu den vier Elementen. Aus naturwissenschaftlicher Sicht ist Feuer eine Verbrennung, bei der Licht und Wärme freigesetzt und der Brennstoff oxidiert wird. Als Grundbestandteil der Natur ist Feuer mit seinen Flammen, Funken und seiner Glut von Menschen hautnah erlebbar, so dass es den Kindern leicht fällt, ihre Vorerfahrungen in die Gestaltung ihres Bildthemas einzubauen. Darüber hinaus taucht das Motiv Feuer auch in der bildenden Kunst auf.

Hinweise zum Unterrichtsverlauf

Vorbereitung

Die Lehrerin fertigt eine Folie an, auf der Flammen zu sehen sind (siehe CD-ROM).

Initiation

Zum Einstieg zeigt die Lehrerin als stummen Impuls die Folie mit Flammen. Die Kinder äußern sich dazu und überlegen sich, was in Flammen stehen könnte. Nach den ersten Vermutungen zur Gestaltung, erhalten die Kinder die Aufgabe, sich ungewöhnliche Gegenstände oder Dinge auszudenken, die in Brand geraten sein könnten. Die Ideen der Kinder (z. B. Fußball, Computer, Eis, Auto, Bleistift) werden im Tafelbild festgehalten.

Exploration

Die Farbauswahl, um Feuer bildlich darzustellen, wird von den Kindern sofort mit den Farben gelb, orange und rot benannt. Um auf die Vielfalt an Flammenformen aufmerksam zu machen, erhalten die Kinder zunächst den Auftrag, flackernde Flammen auf ein Skizzenpapier mit Holzfarbstiften in Feuerfarben zu malen. Nach der Vorstellungsrunde im Stehkreis werden gelungene Werke ins Tafelbild integriert. In Abhängigkeit von der Qualität der Ergebnisse kann hier auch ein Bild mit ausdifferenzierten Flammenformen einbezogen werden.

Objektivierung
Nachdem die einzelnen Gestaltungskriterien besprochen wurden, richten die Kinder ihren Arbeitsplatz her. Zunächst malen sie den Gegenstand, der in Flammen steht, groß in die Mitte. Dann ergänzen sie die Flammen. Abschließend wird der Hintergrund einfarbig gestaltet.

Reflexion
Im Stehkreis werden die Arbeiten der Kinder gewürdigt. Dabei soll neben dem Bildmotiv auch die differenzierte Gestaltung der Flammen herausgearbeitet werden.

Ausklang
Die Arbeiten der Kinder werden im Klassenzimmer ausgestellt. In Querverbindung zum Sachunterricht können die Kunstwerke der Kinder auch ein Einstieg in das Thema „Verbrennung" bieten.

Vertiefung
Eine weiterführende Möglichkeit wäre, das Bild „Die brennende Giraffe" von Salvador Dali zu betrachten.

Tafelbild

Was?

In Flammen

z. B. Fußball, Computer, Heft, Eis …

Wie?

1. Gegenstand groß
2. Flammen

Farben:
gelb, orange, rot

Formen:

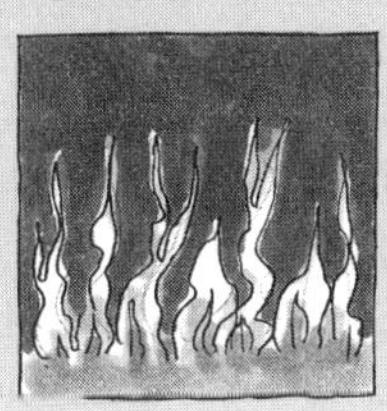

3. Hintergrund

Womit?

Wasserfarben

3.3.4 Buntes Herbstlaub am Boden (Farbiges Gestalten mit Wachsmalkreiden und Wasserfarben)

Dauer: ca. eine Unterrichtsstunde

Lernziele
Die Kinder sollen Umrisse verschiedener Blattformen, Stiele und Adern mit wasserfesten Wachsmalkreiden auf Packpapier aufmalen. Dabei dürfen oder sollen sich einzelne Blätter auch überschneiden. Danach werden die Blätter deckend mit Wasserfarben in herbstlichen Farbtönen ausgemalt.

Materialien
- Packpapier ca. DIN A3
- wasserfeste Wachsmalkreiden
- Wasserfarben, Wassergefäße
- Borstenpinsel

Didaktisch-methodische Vorüberlegungen
Das Verfärben der Blätter im Herbst und das beobachtbare Farbenspiel sind jedes Jahr ein herrliches Erlebnis für alle Kinder. Das allein schon bietet Anreiz genug, zu diesem Thema selbst eine eigene, kreative Bildkomposition zu entwerfen. Die Kombination von Wachsmalkreiden und Wasserfarben verleihen den Bildern besonders reizvolle Farbeffekte. Denn durch die wasserfeste Wachsmalkreide perlt die Wasserfarbe vom Umriss ab und die Form der Blätter tritt deutlich zum Vorschein.

Hinweise zum Unterrichtsverlauf

Vorbereitung
Die Lehrerin besorgt Packpapierbögen und schneidet sie auf ca. DIN-A3-große Blätter zu. Die Kinder bringen verschiedene, evtl. gepresste Herbstblätter mit. Alternativ wäre auch das Sammeln von Blättern im Rahmen eines Unterrichtsganges oder Wandertages denkbar.

Initiation
Als Einstieg bieten sich Herbstbilder aus Kalendern oder Zeitschriften an, auf denen Bäume mit bunten Blättern zu sehen sind. Die Kinder äußern sich zur Jahreszeit „Herbst“ und erzählen von eigenen Erlebnissen. Nun werden die Kinder aufgefordert, die Augen zu schließen und genau zu zuhören. Als akustischen Impuls lässt die Lehrerin Windgeräusche von einer CD ertönen. Mit dem Hinweis „Bald sehen die Bäume anders aus!“ führt die Lehrerin zur Gestaltungsaufgabe hin und die Kinder folgern, dass die Blätter durch den Wind herunterfallen oder gar zu Boden segeln.

Exploration

Im Sitzkreis beschreiben die Kinder das Aussehen verschiedener Blätter. Dazu wird das mitgebrachte Herbstlaub in die Mitte gelegt. Indem die Kinder die Blattumrisse mit den Fingern umfahren, nehmen sie die unterschiedlichen Blätterformen wahr. Das Befühlen dient dabei als Hilfe für das spätere Aufzeichnen der Umrisse. Neben der Form werden auch die Farben der Blätter betrachtet und benannt. Gemeinsam werden die einzelnen Arbeitsschritte zum Aufzeichnen des Herbstlaubes besprochen. Um die Kinder auf Überschneidungseffekte aufmerksam zu machen, legen sie Blätter auf das Packpapier und erproben verschiedene Kombinationsmöglichkeiten.

Objektivierung

Die Kinder zeichnen mit Wachsmalkreiden die Umrisse verschiedener Blätter auf und malen sie mit Wasserfarben in Herbsttönen deckend aus.

Reflexion

Im Stehkreis werden die Werke der Kinder gewürdigt und im Hinblick auf die Umsetzung der Gestaltungsidee und die saubere und genaue Ausführung kritisch betrachtet. Durch einen schwarzen Hintergrund kommen die Bilder der Kinder besonders gut zur Geltung.

Ausklang

Das Singen eines Herbstliedes, wie beispielsweise „Der Herbst hat bunte Blätter“ (aus: Klassenhits, VBE Verlag NRW, Dortmund 2001) rundet die Stunde ab. Auch der „Herbstblätter- Tanz“ (aus: R. Krenzer/P.Walter: „Heut tanzen Sonne Mond und Sterne“, Lahn Verlag Limburg 1993) bereitet den Kindern viel Freude.

Tafelbild

Was? **Buntes Herbstlaub am Boden**

Wie?

1. Blattumrisse mit Überschneidungen aufzeichnen

2. Blätter in Herbsttönen ausmalen

Womit? Wachsmalkreiden, Wasserfarben

Beispiele für Blätterformen

3.3.5 Chamäleon im Zauberdschungel (Farbiges Gestalten mit Wasserfarben, Experimenteller Farbauftrag)

Dauer: ca. vier Unterrichtsstunden

Lernziele

Die Kinder sollen ein Chamäleon formatfüllend malen und mit der Komplementärfarbe einen Zauberdschungel in der Murmeltechnik erstellen.

Materialien

- quadratisches Papier (ca. 25 cm × 25 cm)
- Wasserfarben, Wassergefäße
- Borstenpinsel
- Pizza-Kartons ohne Deckel
- Farbkreis in Teile zerschnitten (s. CD-ROM)
- Farbkreis-Malvorlagen
- Murmeln
- quadratische Tonpapierbögen (etwas größer als das Zeichenblockblatt)

Didaktisch-methodische Vorüberlegungen

Innerhalb der großen Gruppe der Reptilien stellen die Chamäleons mit ihrem bizarren Aussehen und ihren Besonderheiten eine faszinierende Tiergruppe dar, die die Kinder motiviert. Das primäre Interesse der Kinder gilt dabei vor allem dem Farbwechsel. Denn Chamäleons sind die Verwandlungskünstler des Tierreichs. Wie ein Farbkasten aus vielen Farbtöpfen besteht, befinden sich auf der Haut der Chamäleons Zellen mit verschiedenen Farbpigmenten. Ihre Farbe wechselt automatisch, ohne dass die Chamäleons sie sich aussuchen können. Ob sie gerade grün, blau oder rot schimmern, hängt von ihrer Stimmung und ihrem Untergrund ab.

Hinweise zum Unterrichtsverlauf

Vorbereitung

Für die Erarbeitung des Farbkreises und des Komplementärkontrastes ist eine Unterrichtsstunde einzuplanen.

Vom zerschnittenen Farbkreis werden zunächst die drei Grundfarbenteile (gelb, rot, blau) an die Tafel geheftet und von den Kindern benannt. Über den Impuls, dass es nicht nur die drei Grundfarben gibt, wird die Aufmerksamkeit der Kinder auf die Mischfarben gelenkt. Je nach Vorwissen der Kinder können auch die Übungen zu den Grundfarben und Mischfarben (siehe S. 63–65) herangezogen werden. Indem die Mischfarbenteile (orange, violett, grün) an der Tafel ergänzt werden, entsteht der sechsteilige Farbkreis. Ausgehend von den drei

Grundfarben erstellen die Kinder ihren eigenen Farbkreis. Gemeinsam wird besprochen, dass die Farben in Beziehung zueinander stehen, sie sogenannte Farbkontraste bilden. Dabei ergeben die im Farbkreis gegenüberliegenden Farben den Komplementärkontrast (rot/grün, gelb/violett, blau/orange). Eine Kombination der Komplementärfarben wirkt besonders farbintensiv, lebhaft und dynamisch.

Initiation
Als Einstieg trägt die Lehrerin im Erzählkreis das Gedicht „Das Chamäleon" von Boy Lornsen (siehe S. 83) ab der dritten Zeile als Rätsel vor. Die Kinder erraten schnell, dass es im Gedicht um ein Chamäleon geht. Aufgrund einer vorbereitenden Hausaufgabe (siehe S. 82) bringen die Kinder ihre Informationen, die sie zu diesem Tier gesammelt haben ein. Wie aber sieht ein Chamäleon aus?

Exploration (1): Körperform
Da das Aussehen des Chamäleons für die Gestaltungsaufgabe sehr wichtig ist, wird in einer arbeitsgleichen Gruppenarbeit mit Hilfe von Bildern und Informationen die Gestalt des Chamäleons genauer untersucht. Bei der gemeinsamen Auswertung werden die wichtigsten charakteristischen Eigenschaften wie helmartiger Fortsatz am Kopf, Kugelaugen, lange Zunge, länglicher Körper, Zehen wie Greifzangen, langer Schwanz usw. herausgestellt. Im Anschluss daran fertigen die Kinder auf Skizzenpapier zunächst Umrisszeichnungen an, die im Stehkreis kriterienbezogen reflektiert werden.

Objektivierung (1)
Nachdem die Kinder die sechs Farben des Farbkreises wiederholt haben, wählen sie eine Farbe aus und malen mit Wasserfarben ihr Reptil deckend auf ein quadratisches Zeichenblatt.

Überleitung
Die Lehrerin erzählt die Geschichte vom kleinen Chamäleon im Zauberdschungel (siehe S. 85). Daran anknüpfend bringen die Kinder ihr Vorwissen bezüglich des bereits erarbeiteten Komplementärkontrastes ein. Damit die Kinder für die Gestaltung des Dschungels auch wirklich die Komplementärfarbe wählen, ist es hilfreich, beispielhaft von den Kindern die Farbe ihres Tieres und der davon abhängigen Komplementärfarbe für den Zauberdschungel nennen zu lassen.

Exploration (2): Dschungel in Murmeltechnik
Da das Dickicht im Dschungel sehr verschlungen und verwoben ist, wird nicht mit dem Pinsel gemalt, sondern als experimenteller Farbauftrag die Murmeltechnik eingesetzt. Zur Demonstration des Verfahrens kommen die Kinder zunächst in den Halbkreis. Die Lehrerin legt ein weißes Blatt in einen Pizza-

karton, streicht eine Murmel mit Farbe ein und bringt durch leichtes Kippen des Kartons die Murmel zum Rollen. Dadurch kommen Farbspuren auf das Papier. Nachdem die Kinder die einzelnen Schritte wiederholt haben, machen sie zunächst auf einem Skizzenpapier eigene Versuche. Im Stehkreis werden die Ergebnisse der Experimentierphase besprochen und technische Schwierigkeiten (z. B. zu schnelles Rollen, zu viel Farbe ...) verbalisiert.

Objektivierung (2)
Jetzt wählen die Kinder ausgehend von der Farbe ihres Chamäleons die Komplementärfarbe aus und gestalten den Zauberdschungel durch experimentellen Farbauftrag. Leise Meditationsmusik unterstützt die Kinder bei der Ausführung langsamer, ruhiger Bewegungen. Schnell arbeitende Schüler kleben ihr fertiges Bild auf farblich passendes Tonpapier.

Reflexion
Im Stehkreis betrachten die Kinder die Zauberdschungelbilder. Als Beurteilungskriterien werden der Komplementärkontrast und die Qualität des experimentellen Farbauftrages besprochen.

Tafelbild

Farbkreis 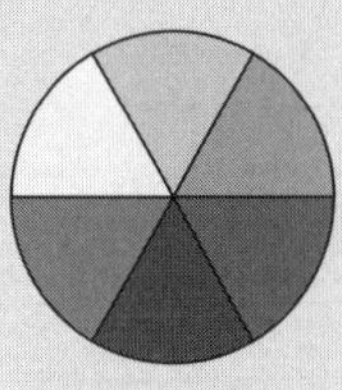 Komplementär-Farben Gelb – Violett Rot – Grün Blau – Orange	Was? (2) **Zauberdschungel** Wie? (2) Murmeltechnik Womit? (2)  + 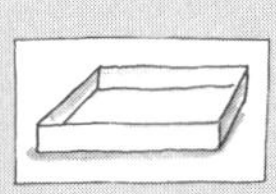 + 	Was? (1) **Chamäleon** Wie? (1) – lange Zunge – helmartiger Kopf – Knopfaugen – langer Körper – Zehen wie Greifzangen – langer Schwanz Womit? (1) Wasserfarben

Ausklang
In Querverbindung zum Sachunterricht erstellen die Kinder in Gruppen Plakate über das Chamäleon.

Vorbereitende Hausaufgabe

Chamäleon

1. Sammle Informationen (Steckbrief, Nahrung, Lebensraum ...) und Bilder über das Tier.

2. Folgende Informationsquellen können dir helfen:

⇨ Tierbücher
⇨ Tier-/Kinderlexika
⇨ Internet (Suchmaschine: www.blinde-kuh.de)

Das Chamäleon

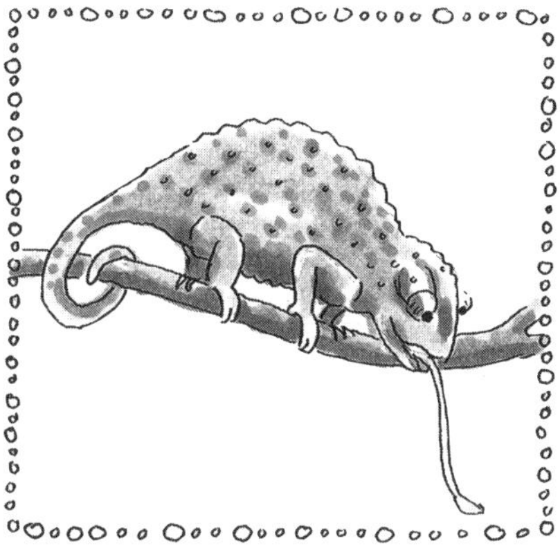

Gefährlich wird sich zeigen,
ist das Chamäleon.
Es lebt auf grünen Zweigen
(sagt Meyers Lexikon)
von seiner flinken Zunge,
schnellt diese hin und her,
leimt alte und auch junge
Insekten zum Verzehr.

Es wechselt (dies zur Warnung!)
beliebig sein Kostüm,
ist schwarz und rot, zur Tarnung
gelegentlich auch grün.
Dies Tier ist mir verdächtig!
Ich frag mich wohl zu Recht:
Es gibt sich farbenprächtig,
doch – welche ist nun echt?

Boy Lornsen

aus: Boy Lornsen: Das alte Schwein lebt immer noch. Boy Lornsens Tierleben. München: Schneekluth 1985

Wie sieht ein Chamäleon aus?

1. Schaut euch dazu die Chamäleonbilder genau an! (Besprecht euch!)

2. Unterstreicht die Stellen im Text, die euch verraten, wie das Chamäleon aussieht!

Chamäleons besitzen einen langgestreckten Körper, vier Beine und einen langen Schwanz. Auffällig ist der Kamm auf dem Rücken und der helmartige Fortsatz auf dem Kopf. Ihre Augen sind groß und stehen am Kopf wie kleine Kugeln hervor. Die lange Zunge hilft ihnen, Insekten zu fangen. Mit ihren Beinen, die wie Greifzangen sind, können sich die Chamäleons gut festhalten. Die Zehen und Finger sind zu zweien und dreien miteinander verwachsen. Ihren langen Schwanz können die Chamäleons richtig einwickeln.

Für schnelle Gruppen:

Schreibt eure Ergebnisse in Stichpunkten auf:

Kopf: ______________________________

Körper: ______________________________

Beine/Zehen: ______________________________

Schwanz: ______________________________

Geschichte vom kleinen Chamäleon im Zauberdschungel

Das kleine Chamäleon kann seine Hautfarbe ändern. Meist nimmt es die gleiche Farbe wie seine Umgebung an, so dass man es kaum erkennen kann. Doch im Zauberdschungel ist alles anders. Wenn das Chamäleon seine Farbe ändert, ändert sich auch die Farbe des Dschungels. Der Dschungel nimmt dabei stets die Komplementärfarbe an, damit man das Chamäleon durch die herunterhängenden Lianen und Zweige des Dschungels gut erkennen kann.

3.4 Collagieren

Der Begriff „Collage" leitet sich vom französischen Wort *coller* ab, das man mit „kleben" übersetzen kann. Der Vorgang des Klebens ist allerdings nicht allein das entscheidende Merkmal der Collage. Viel wichtiger ist, dass aus diversen Einzelteilen ein neues Ganzes zusammengesetzt wird. Die ursprüngliche Bedeutung der einzelnen Teile tritt in den Hintergrund und es entsteht eine völlig neue Bildaussage.

Die Möglichkeiten der Collage sind nahezu unbegrenzt. Dies umfasst sowohl die Art des Verbindens, z. B. kleben, schrauben, löten, heften, annähen, als auch die Kombination der Materialien wie Fotos, Stoffe, Metall. Die Materialsammlung bildet dabei den Ausgangspunkt für die Gestaltung einer Collage.

3.4.1 „Tour de ..." (Grafisches Gestalten/Collage/Gemeinschaftsarbeit)

Dauer: ca. zwei Unterrichtsstunden

Lernziele
Die Kinder sollen die typische Haltung eines Radfahrers beschreiben, ihn mit Filzstiften malen, ausschneiden und im Rahmen einer Gemeinschaftsarbeit auf einen Packpapierbogen aufkleben.

Materialien
- Zeichenblock DIN A3
- Filzstifte, Fineliner
- mehrere Packpapierbögen (Querformat)
- Scheren, Klebestifte

Didaktisch-methodische Vorüberlegungen
Themen aus dem Bereich des Sports bearbeiten Kinder der 3. und 4. Klassen mit großem Eifer. Das Zeichnen eines Radfahrers bietet die Gelegenheit, sich mit der Darstellung des menschlichen Körpers in Bewegung auseinanderzusetzen. Darüber hinaus steht das Thema in Querverbindung zur Verkehrserziehung und Fahrradprüfung in der 4. Klasse.

Hinweise zum Unterrichtsverlauf

Vorbereitung
Die Lehrerin organisiert ein Fahrrad als Anschauungsmittel, das entweder im Pausenhof oder im Klassenzimmer bereitsteht. Außerdem besorgt sie Packpapierbögen.

Initiation
Zum Einstieg schreibt die Lehrerin „Tour de France“ an die Tafel. Die Kinder äußern sich spontan und bringen ihr Vorwissen ein. Indem sie das Wort „France“ durch die eigene Klassenstufe (z. B. 3a, 4a ...) ersetzt, führt sie zur Gestaltungsaufgabe, dass jeder sich selbst als Rennfahrer malen soll, hin.

Exploration
Im Halbkreis um das Fahrrad benennen die Kinder zunächst die Teile des Fahrrades. Danach beschreiben sie das Aussehen und die typische Haltung eines Radfahrers entweder mit Hilfe eines Bildes oder durch eine szenische Darstellung im Pausenhof bzw. im Klassenzimmer. Während nacheinander mehrere Kinder auf dem Fahrrad sitzen und die typische Haltung vorspielen, erhalten die Zuschauer gezielte Beobachtungsaufträge. Sie sollen Details wie das Gesicht von der Seite, die Haltung der Arme und Hände, der Beine und der angewinkelten Knie und vor allem des gebeugten Rückens wahrnehmen. Um die Körperform in Bewegung noch bewusster zu erfassen, fahren die Kinder den Umriss mit dem Finger oder mit den Händen in der Luft nach. Schließlich schießen die Kinder pantomimisch noch mehrere „Fotos“.

Objektivierung
Damit die spätere Collage den Charakter eines Radrennens erhält, muss im Vorfeld die Fahrtrichtung, in der alle Radfahrer blicken (links oder rechts), festgelegt werden. Dann zeichnen sich die Kinder – beginnend mit dem gebeugten Rücken – mit Filzstiften als Rennradfahrer formatfüllend auf ein weißes Zeichenblockblatt und schneiden die Figur sorgfältig aus.

Reflexion
Im Stehkreis werden die Werke der Kinder gewürdigt und im Hinblick auf die Umsetzung der Gestaltungsidee und die saubere und genaue Ausführung kritisch betrachtet. Die Darstellung der Menschengestalt in Bewegung steht hierbei im Vordergrund. Anschließend ordnen die Kinder ihre Fahrradfahrer auf dem ausgebreiteten Packpapier an.

Ausklang
Um die Wirkung eines echten Radrennens zu erzielen, werden die Figuren dicht hintereinander und mit Überschneidungen aufgeklebt.

Tafelbild

Was?	**„Tour de ... (z. B. 4a)"**
Wie?	1. sich selbst als Radfahrer ⇨ mit dem gebeugten Rücken beginnen 2. ausschneiden 3. auf Packpapier aufkleben
Womit?	Filzstifte, Fineliner

3.5 Experimentelle Farbauftragsverfahren

Kinder sind von sich aus offen für neue Erfahrungen und gehen kreativ mit vorhandenen Dingen um. Die Erprobung verschiedener Farbauftragsverfahren kommt dieser intrinsischen Motivation der Kinder entgegen. Dabei kann aus einem scheinbar einfachen Klecks ein fantasievolles Gebilde werden. Die Breite und Originalität der Ergebnisse hängt neben der Material- und Werkzeugauswahl von der Vielfalt der eingesetzten Verfahren ab. Zu den experimentellen Farbauftragsverfahren zählen unter anderem Sprühen, Tupfen, Marmorieren, Aufwalzen, Abdrücken, Kratzen und Abklatschen. Bei all diesen Techniken stehen die Effekte und Zufallsbildungen im Mittelpunkt.

3.5.1 Viele, viele bunte Seifenblasen (Nass-in-Nass-Technik)

Dauer: eine Unterrichtsstunde

Lernziele
Die Kinder sollen mit Kerzenwachs viele Kreisformen (Seifenblasen) aufmalen, die Nass-in-Nass-Technik kennen lernen und experimentell erproben. Die dabei entstehenden Farbeffekte sollen die Kinder zum Erstaunen bringen.

Materialien
- weiße Kerzenwachsstummel
- Zeichenblock DIN A3
- kleine Schwämmchen
- Wasserfarben, Wassergefäße
- dicke Pinsel

Didaktisch-methodische Vorüberlegungen
Die Nass-in-Nass-Malerei gehört zu den sogenannten „aleatorischen Verfahren", deren Ausgang etwas zufällig Entstandenes ergibt. Durch solche experimentellen Verfahren erkunden die Kinder spielerisch Formzusammenhänge, Farbkombinationen und Oberflächenstrukturen. Die beiden zuletzt Genannten stehen für diese Stunde im Mittelpunkt. Durch vorher mit Wachs aufgezeichnete Umrisse werden den auf der nassen Fläche verlaufenden Farben Grenzen gesetzt. Die Ergebnisse führen in der Wahrnehmung zum Erstaunen und Betrachten.

Hinweise zum Unterrichtsverlauf

Vorbereitung
Die Kinder bringen weiße Kerzenstummel von zu Hause mit. Die Lehrerin besorgt Seifenblasenflüssigkeit.

Initiation
Zum Einstieg bietet sich ein Rätsel an, das auf Seifenblasen hinweist. Die Kinder können an dieser Stelle von Eigenerfahrungen erzählen. Nun bläst die Lehrerin mehrmals Seifenblasen, die genauer betrachtet werden sollen. Dazu erhalten die Kinder Beobachtungsaufgaben:
- Betrachte die Seifenblasen, beschreibe die Form und die Farben.
- Welche Eigenschaft besitzen die Seifenblasen noch?

Die Ergebnisse zur Form und zum Aussehen der Seifenblasen werden an der Tafel gesammelt. Die Kinder äußern Vermutungen zur Gestaltungsaufgabe. Danach wird das Ziel konkret formuliert und an der Tafel festgehalten.

Exploration
Durch den stummen Impuls der Lehrerin, die mit einem Wachsstummel Kreise auf ein Zeichenblockpapier malt, erkennen die Kinder, dass damit die Umrisse der Seifenblasen gestaltet werden. Der Hinweis auf Überschneidungen und Berührungen darf an dieser Stelle nicht fehlen. Wie aber gelingt es, dass die Seifenblasen durchsichtig erscheinen? Die Kinder finden heraus, dass mit wenig Farbe und viel Wasser gearbeitet werden muss. Zur Veranschaulichung kann hierbei ein vorbereitetes Nass-in-Nass-Bild eingesetzt werden. Die einzelnen Arbeitsschritte werden gemeinsam mit den Kindern besprochen und in Stichpunkten an der Tafel notiert.

Objektivierung
Nun zeichnen die Kinder mit einem Wachsstummel viele große und kleine Seifenblasen, die sich berühren und überschneiden auf. Zur Differenzierung können Schablonen verwendet werden. Danach befeuchten sie mit einem nassen Schwamm ihr Blatt. Wenn die Kinder viel Wasser verwenden, können sie die Umrisse der Seifenblasen gut erkennen. Mit dem Pinsel tupfen sie Farbe auf die Seifenblasen. Dieser Vorgang wird mit immer anderen Farben so oft wiederholt, bis die Seifenblasen ausgefüllt sind. Der Hintergrund bleibt weiß oder wird evtl. mit wässrigem Blau gefärbt.

Reflexion
Im Stehkreis stellen die Kinder ihre Arbeiten vor und berichten von den Erfahrungen zum Arbeitsablauf.

Ausklang
Zum Abschluss dürfen die Kinder auf dem Pausenhof Seifenblasen ausblasen oder erhalten ein Rezept zum Herstellen von Seifenblasen.

Tafelbild

Was? **Viele, viele bunte Seifenblasen**

Wie?

1. Umrisse mit Wachs aufzeichnen

2. Blatt mit Schwamm befeuchten

3. Seifenblasen einfärben

Womit? Wachs, Wasserfarben, Schwamm, Pinsel

Rätsel:

Kannst du erraten, was ich meine?
Zunächst sind sie in einem Fläschchen versteckt.
Durch Schütteln werden sie ein bisschen geweckt.
Bläst du sie aus, dann fliegen sie hoch in die Luft von Ort zu Ort.
Berührst du sie, sind sie ganz schnell wieder fort.

Seifenblasen-Rezept:

Du brauchst dazu:

- 0,75 Liter (das ist ein halber Liter also 500 ml und ein Viertel Liter also 250 ml) destilliertes Wasser
- 150 Gramm Puderzucker
- 0,25 Liter (das ist ein Viertel Liter also 250 ml) Spülmittel oder Baby -Shampoo
- eine Schüssel
- einen Plastikring, durch den ihr die schönen Blasen pustet

So wird's gemacht:
Gießt das destillierte Wasser in die Schüssel und schüttet dann den Puderzucker dazu. Rührt das Ganze so lange, bis sich der Puderzucker aufgelöst hat. Gebt nun das Spülmittel bzw. das Baby-Shampoo dazu und rührt nochmals alles um. Lasst jetzt die Lauge bei Zimmertemperatur mindestens drei Stunden stehen.
Fertig!
Jetzt einfach den Plastikring in die Lauge eintauchen und los-pusten!

Seifenblasenvorlagen

3.6 Räumliches Gestalten

Zeichnen und Malen sind zweidimensional. Demgegenüber geht es beim räumlichen Gestalten um die Entstehung dreidimensionaler Werke. Die Dimensionen der Höhe und Breite werden um die Dimension der Tiefe erweitert.
Das räumliche Gestalten umfasst drei verschiedene Verfahren: das Formen, das Bauen und das Skulptieren.
Unter **Formen** versteht man das Modellieren verschiedener plastischer Massen. Aus Materialen wie Ton, Plastilin, Wachs, Papiermaché usw. werden künstlerische Objekte geformt.
Bauen meint das Zusammenfügen von verschiedenen Elementen zu einer Form. Es können nicht nur starre Materialien (z. B. Holz, Styropor) oder flexible Materialen (z. B. Abfallmaterialien, Pappe) zum Einsatz kommen, sondern

auch eine Mischung aus beiden. Verbunden werden die Einzelelemente durch Kleben, Leimen, Verschrauben, Nageln usw.
Skulptieren ist das Herausarbeiten einer Form durch Wegnahme von Material. Durch Abtragen, Ausstechen oder Aushöhlen z. B. von Specksteinstücken, Weichholz oder Seife wird eine Skulptur herausgeschnitzt, -geschnitten oder -gemeißelt.

3.6.1 Stabpuppen (Räumliches Gestalten: Formen/Bauen)

Dauer: ca. zehn bis fünfzehn Unterrichtsstunden
Aufgrund der langen Zeitdauer ist der Bau von Stabpuppen gut als Projekt zu gestalten. Denkbar wäre auch der Einsatz im Rahmen eines Schullandheimaufenthaltes.

Lernziele

Die Kinder sollen eine plastische Einzelfigur (Stabpuppe) aus ihrer Fantasiewelt mittels der Kleistertechnik gestalten und bemalen. Anschließend sollen sie „Puppenkleider“ aus Stoffresten herstellen und ihre Figur damit „anziehen“. Eine Puppenspielaufführung rundet das Projekt ab.

Materialien

- Styroporkugeln im Durchmesser 10 cm
- Holzstäbe (1 m lang, 8 bis 10 mm Durchmesser) oder stabile Zweige von Bäumen oder Sträuchern
- Kleister, Eimer zum Anrühren und mehrere Gefäße zum Umfüllen
- größere Mengen an Zeitungspapier
- Wasserfarben, Pinsel, Wassergefäße, Filzstifte, Malkittel
- Stoffreste, Wollreste, Federn, Knöpfe
- Nähnadeln und Nähgarn in verschiedenen Farben und Stärken
- Scheren
- 1 l Flaschen, mit Sand gefüllt (als Standbein für die Figuren)
- weiße Küchenrolle
- Pappküchenrollen
- Blumendraht
- Handbohrer

Didaktisch-methodische Vorüberlegungen

Die meisten Kinder haben eine Vorliebe für das Puppenspiel und Puppentheater. Für den Einsatz in der Schule ist das insofern von Bedeutung, als es nicht nur erzieherische Momente enthält, sondern den Kindern auch die Möglichkeit bietet, Emotionen frei werden zu lassen und sich fantasievoll und sprachlich zu entfalten. Wirkungsvoller wird dies durch selbstgebaute Puppen.

Die Figuren der Zauberer, Hexen, Räuber und Co üben dabei auf die Kinder eine besonders große Faszination aus und ermöglichen einen gewissen Identifikationsgrad. Mit ihnen lässt sich ganz leicht in eine andere Welt entfliehen und phantastische Abenteuer erleben.
Bei der Be- und Verarbeitung der verschiedenen Materialien wird der prozesshafte Charakter des Kunstunterrichts besonders deutlich.

Hinweise zum Unterrichtsverlauf

Vorbereitung
Die Lehrerin besorgt Styroporkugeln, Holzstäbe und Kleister. Die Kinder bringen von zu Hause Zeitungspapier, Stoff- und Wollreste, Knöpfe, Federn, Nähnadeln, Nähgarn und die mit Sand gefüllten Flaschen mit.

Initiation
Zum Einstieg erzählt die Lehrerin von einer Reise zu einer Burg und heftet ein Bild einer Zauberburg (siehe CD-ROM) an die Tafel. Die Kinder stellen Vermutungen zu den Burgbewohnern an. Nun liest die Lehrerin die Geschichte „Auf der Zauberburg“, die vom einsamen und traurigen Zauberer Halifax handelt, vor. Die Kinder äußern sich spontan zur Idee des Zauberers und sammeln Vorschläge, die dem tatsächlichen Vorhaben des Zauberers, nämlich ein großes Fest mit seinen Burgnachbarn zu feiern, entspricht. Im Unterrichtsgespräch zählen die Kinder Personen oder Figuren auf, die am Fest teilnehmen könnten, wie z. B. Hexen, Räuber oder Raben. Mit dem Impuls „Damit die Feier stattfinden kann, fehlen diese Personen und Figuren“ wird zur Gestaltungsaufgabe übergeleitet, das Ziel konkret formuliert und das Vorhaben einer Puppenspielaufführung, nämlich „Das große Fest bei Halifax“ gemeinsam besprochen.

Exploration
Die Lehrerin zeigt die Styroporkugel und den Stab und es schließen sich zum Puppenbau erste Vermutungen an. Um sich im Vorfeld mit der Gestaltungsaufgabe vertraut zu machen, werden die Kinder aufgefordert, (evtl. als Hausaufgabe) eine Skizze ihrer Puppe zu erstellen und sich Notizen zum Aussehen der Puppe zu machen. Das erleichtert auch die Sammlung und Vorbereitung der benötigten Materialien. Um dabei gezielter vorgehen zu können, erhalten die Kinder folgende Arbeitsaufträge:
- Was für eine Figur möchtest du bauen?
- Wie soll sie aussehen?
- Welche Materialien benötigst du dafür?

Die Kinder stellen ihren Entwurf und ihre Ideen dazu kurz vor. Mit einer selbstgebauten Puppe oder einem Bild wird veranschaulicht, dass zunächst mit dem Kopf begonnen werden muss. Um leichter arbeiten zu können, wird der Holzstab mit der Kugel darauf in eine mit Sand gefüllte Flasche gesteckt. Im Unterrichtsgespräch erklärt die Lehrerin die Kleistertechnik zur Gestaltung des Kopfes. Dabei werden zunächst aus einigen Zeitungsbögen Stücke und Streifen gerissen. Diese werden in Kleister getaucht und gleichmäßig um die Styroporkugel geklebt. Damit der Kopf später fest sitzt, muss auch ein Teil des Holzstabes mit überklebt werden. Es entsteht dann eine Art Halskrause oder kleine Schulter unter dem Kopf, wodurch das Kleid besser sitzt. Für Nase, Kinn und andere hervorstehende und markante Gesichtsteile wird Zeitung zusammengeknüllt und mittels der getränkten Kleisterstreifen mit der sog. „Pflastertechnik" (schräges Übereinanderkleben der Streifen) angeklebt. Das noch feuchte Papier kann dann mit den Händen entsprechend modelliert werden, damit zum Beispiel das Kinn spitz hervorsteht, oder die Nase gekrümmt ist, oder die Augenhöhlen zu erkennen sind. Um die Gesichtsfarbe besser auftragen zu können, wird die letzte Hautschicht mit weißer Küchenrolle geklebt.

Objektivierung
Nach der Wiederholung der wichtigsten Arbeitsschritte, beginnen die Kinder mit der Gestaltung des Kopfes. Bei einigen wird eine individuelle Unterstützung durch die Lehrerin nötig sein. Unter Umständen ist es auch sinnvoll, Zwischenreflexionen einzubauen, um einzelne Arbeitsschritte konkret zu demonstrieren, oder um besonders gelungene Beispiele hervorzuheben. Schnelle Kinder können zusätzlich z. B. Arme oder für Raben Flügel mit Kleisterpapier bekleben. Als Grundstock dafür dienen Pappküchenrollen. Danach müssen der Kopf und zusätzlich hergestellte Einzelteile eins bis zwei Tage gut trocknen, bevor sie mit Wasserfarben bemalt werden können. Wichtig dabei ist der satte Farbauftrag mit dem Pinsel. Einzelne Details (Wimpern, Warzen) können auch mit dem Filzstift aufgezeichnet werden.

Schließlich kann mit der Ausgestaltung und dem Schmücken der Puppe begonnen werden. Für die Haare verwenden die Kinder Wolle. Die Kleider werden aus Stoffresten zunächst zugeschnitten (Länge ca. 60 cm, Breite ca. 20 cm) und am Hals und seitlich mit einfachen Steppstichen zusammengenäht. Oben am Hals sollte der Faden (stärkerer Faden oder dünne Wolle) nicht vernäht werden, sondern am Anfang und am Ende ca. 10 cm überhängen. Indem dann beiden Enden vorsichtig zugezogen werden, schmiegt sich das Kleid um den Hals. Danach kann das Kleid noch mit Stofffetzen, Federn, Knöpfen, o. Ä. beklebt werden. Gleiches gilt auch für die Einzelteile wie Flügel oder Arme, die noch an den Körper angebracht werden müssen. Dazu ist unbedingt die Hilfe der Lehrerin nötig, vor allem bei den Schülern, deren Fingerfertigkeit noch nicht so ausgeprägt ist. Mit einem Handbohrer werden jeweils kleine Löcher in die Halskrause oder die Schulter und an einer Seite des Armes oder Flügels gebohrt. Mit einem Stück Draht werden beide Teile miteinander verbunden. Um den Arm oder Flügel bewegen zu können, wird an diesen Teilen zusätzlich mit Draht ein Holzstab befestigt.

Reflexion
Die Werke der Kinder werden im Stehkreis betrachtet und gewürdigt.

Weiterführung
Für die Puppenspielaufführung erhalten die Kinder den Auftrag zu Hause einen Steckbrief für ihre Puppe zu verfassen, den sie im Sitzkreis vorstellen.
Zur Vorbereitung der Aufführung und um Sprachbarrieren oder Hemmungen abzubauen, geht es zunächst darum, die Spielfreude der Kinder zu wecken. Dazu bewegen sich die Kinder mit ihren Puppen frei nach Musik im Klassenzimmer. Bei Musikstopp erhalten die Kinder kleine Aufgaben, z. B. begrüßt euch gegenseitig, erzählt euch von euren Hobbys, euren Lieblingsspeisen usw.

In Querverbindung zum Deutschunterricht entwickeln die Kinder in kleinen Gruppen Ideen für eine Aufführung und entwerfen einen Text. Auch der Einbezug von Orff-Instrumenten ist denkbar.

Schließlich müssen noch die Kulissen gestaltet werden. Diese entwerfen die Kinder nach ihren Vorstellungen und malen sie auf großes, weißes Zeichenpapier (DIN A1) auf. Danach kann mit dem Proben der Stücke begonnen werden. Dazu wird die Kulisse mit Magneten an der Tafel befestigt. Die Schauspieler verschwinden hinter einem mit Tüchern bedeckten höheren Tisch.

Für die Aufführung vor Publikum wie Eltern oder anderen Klassen im Rahmen einer Schulfeier oder im Schullandheim, kann auch die Turnhalle genutzt werden (siehe CD-ROM). Hier ist die Bühne aufwändiger und festlicher gestaltet. Die Halterungen eines offenen Tores zum Geräteraum werden für die Anbringung des Hintergrundes (einer Decke) für die Kulisse gebraucht. Davor steht ein mit Tüchern bedeckter Kasten. Zu beiden Seiten rechts und links vor der Bühne ist auch noch Platz für einen Vorhang, der von Kartenständern gehalten wird und bei Bedarf auf- und zugezogen werden kann.

Name: ______________________ Datum: ___________ Klasse: ____

Auf der Zauberburg

Einsam liegt die Zauberburg auf einem hohen Berg, auf den sich kaum eine Menschenseele verirrt. Nur Greifvögel schwirren bei guten Aufwinden hier durch die Lüfte. Diese Zauberburg stand lange, lange Zeit leer. Nun aber nicht mehr, denn seit kurzem ist der Zauberer Halifax zusammen mit seiner treuen Schneeeule Luna dort eingezogen.
Allerdings ist Halifax noch nicht so glücklich in seiner neuen Umgebung. Er fühlt sich oft sehr einsam und ihm ist langweilig, weil er noch niemanden von den Leuten, die um ihn herum wohnen, kennen gelernt hat.
Daher betrachtet Halifax fast jeden Abend die Sterne des Himmels oder erprobt neue Zaubersprüche, sonst gibt es kaum eine Abwechslung – außer bei Vollmond.
Halifax freut sich immer ganz besonders darauf. Der Zauberer besitzt nämlich einen magischen Zauberspiegel, in dem er bei Vollmond sehen kann, was um ihn herum so alles geschieht. Gar nicht so weit von ihm entfernt, am Fuße des Berges, gibt es einige Räuberhöhlen in denen es recht lustig zugeht. Und ein Stückchen weiter, im dichten Wald versteckt, leben Hexen in Hexenhäusern und tauschen die neusten Hexensprüche untereinander aus. Sicher wohnen in diesem Wald noch viel mehr Gestalten, die Halifax noch nicht in seinem Zauberspiegel entdeckt hat. Außerdem gibt es noch ein Schloss ganz in der Nähe. Hier wohnt der König mit seiner Familie und dort wird viel gelacht und gefeiert. Halifax würde seine Nachbarn so gerne kennen lernen, doch leider wissen die ja gar nicht, dass auf der Zauberburg, die so lange leer stand, nun wieder jemand wohnt. Da kommt dem Zauberer eine gute Idee in den Sinn: Eine Einladung für Nachbarn zum Fest mit Spiel und Tanz.

4. Betrachten

Beim Betrachten stehen Werke bekannter Künstler im Mittelpunkt, die Impulse für eigenes kreatives Tun liefern. Die Auseinandersetzung mit den besonderen Leistungen von Künstlern und Kunsthandwerkern fördert die ästhetische Bildung der Kinder. Denn sie werden nicht nur mit ausgewählten Motiven, Werkideen und Gestaltungsmitteln vertraut, sondern verfeinern auch ihre Sensibilität gegenüber ästhetischen Wirkungen.

4.1 Häuser-Party nach James Rizzi (Bildbetrachtung mit Umgestaltung)

Dauer: ca. eine Unterrichtsstunde

Lernziele
Die Kinder sollen das Bild „Block Party“ von James Rizzi erleben, auf charakteristische Darstellungsweisen (Form, Bemalung und Anordnung) untersuchen und davon ausgehend eigene Hochhäuser für eine Gemeinschaftscollage „Häuser-Party“ gestalten.

Materialien
- Kunstbild „Block Party“ von James Rizzi (s. CD-ROM)
- Porträt des Künstlers
- Musik von A. Pryor
- Zeichenpapier DIN A4
- Ölpastellkreiden

Didaktisch-methodische Vorüberlegungen
James Rizzis lustiges Häuserbild bietet sich im besonderen Maße für eine unterrichtliche Auseinandersetzung an. Denn die kindliche Originalität und Verspieltheit seines Werkes (naiver Stil zum Zeichnen, leuchtende Farben, Verzicht auf eine realistische Farbgebung und der Richtigkeit der Größenverhältnisse) kommt dem Entwicklungsstand von Grundschülern, die sich noch zwischen den Phasen des kindlichen und visuellen Realismus bewegen, entgegen. Während das Bild „Block Party“ (~ Häuser-Party) das Leben in der Stadt und die Freude der Menschen, dort zu leben, thematisiert, will James Rizzi, der seine Kunst als lustige, fröhliche Kunst versteht, „die Menschen zum Lachen bringen“. Darüber hinaus macht es seine comicartige Bildwelt mit der fröhlichen Farbigkeit und der Menge an dargestellten Details den Kindern leicht, sie mit ihrer Fantasie zu füllen. Die Umsetzung einer Gemeinschaftscollage „Häuser-

Party" eignet sich sehr gut, um allen Kindern positive Lernerfahrungen und Erfolgserlebnisse zu ermöglichen.

Hinweise zum Unterrichtsverlauf

Vorbereitung
Die Lehrerin zeichnet mit Kreide ein Museum an die Außentafel oder fertigt eine Folie an.

Initiation
Das Museumsbild regt die Kinder an, über ihre Erfahrungen bei Museumsbesuchen zu berichten. Einen Gang ins Museum nachempfindend kommen die Kinder zu Betrachtung des Bildes in einen Halbkreis vor die Tafel.

Werkbegegnung
Nachdem die Lehrerin die Tafel geöffnet hat und das Kunstwerk von James Rizzi zum Vorschein kommt, betrachten die Kinder zunächst bei leiser Musik (z. B. von A. Pryor) das Bild. Im Anschluss daran erzählen sie ihre spontanen Eindrücke. Die Farbigkeit sowie die schwarze Konturierung, die dem Bild eine besondere Lebendigkeit verleiht, wird meist von den Kindern sofort als auffällige Charakteristika des Bildes genannt. Über ein Bild und ein Hörspiel lernen die Kinder den amerikanischen Künstler James Rizzi kennen, erfahren von seiner Leidenschaft für New York und seine Vorliebe, die Menschen und Häuser dieser Stadt zu malen. Um die akustischen Informationen zu sichern, wiederholen sie die Kinder und heften passende Wortkarten an die Tafel. Dass James Rizzi seine Stadt besonders gern mag, können die Kinder daran erkennen, dass auf seinem Bild die Häuser fröhlich und glücklich aussehen. Unter Rückgriff auf den Englischunterricht vermuten die Kinder, was der Titel „Block Party" auf Deutsch bedeuten könnte. Zur Konkretisierung kann als Übersetzung des Titels „Häuser-Party" gewählt werden.

Exploration
In einer arbeitsteiligen Gruppenarbeit setzen sich die Kinder vertiefend mit dem Kunstwerk auseinander. Dabei werden die charakteristischen Darstellungsweisen der Häuser (Form, Gesichtsausdruck, Verzierung, Anordnung) untersucht. In der Auswertungsphase stellen die einzelnen Gruppen nacheinander ihre Arbeitsergebnisse im Plenum vor und das Tafelbild wird entwickelt. Festgehalten wird, dass Rizzis Häuser schiefe, zackige Wände sowie runde, spitze oder schräge Dächer haben. Darüber hinaus hat er seine Häuser mit Gesichtern bemalt und mit bunten Punkten, Herzen, Fenstern, Schleifen usw. verziert. Damit die Häuser wie eine Stadt erscheinen, hat er sie nicht nebeneinander sondern hintereinander angeordnet.

Über eine Provokation, dass das Bild nicht besonders traurig wirkt, wird die Intention des Künstlers herausgearbeitet. Denn James Rizzis hat sein Bild extra so fröhlich und lebendig gemalt, weil er die Menschen, die seine Bilder betrachten, froh machen und sie zum Lachen bringen will.

Objektivierung
Mit dem Hinweis, dass auch wir andere Menschen zum Lachen bringen können, hält der Lehrer Papier und Ölpastellkreiden hoch. Sofort wird den Kindern der Gestaltungsauftrag, eine eigene Häuser-Party zu malen, klar. Da die Party noch viel größer als Rizzis Häuser-Party werden soll, erfolgt die Umsetzung als Gemeinschaftscollage. Jedes Kind malt ein glückliches Hochhaus und schneidet es aus. Alle Häuser ergeben dann die Häuser-Party. Je nachdem, welche Vorerfahrungen die Kinder beim Malen mit Ölpastellkreiden bisher gesammelt haben, empfiehlt es sich die Technik (fest aufdrücken, Gefahr des Verschmierens) zu wiederholen. Besonders wichtig ist, dass die schwarze Kontur erst ganz am Schluss gesetzt wird. Nachdem der Lehrer das Bild von James Rizzi abgehängt hat, malen die Kinder anhand der vorher erarbeiteten charakteristischen Darstellungsweisen ihr eigenes lustiges Hochhaus. Schnell arbeitende Kinder können für die spätere Hintergrundgestaltung einen Mond und gelbe Sterne malen.

Reflexion
Im Stehkreis würdigen die Kinder die Arbeiten ihrer Mitschüler. Dabei steht eine kriterienbezogene Bewertung bezüglich der Farbe, Form und der Bemalung der Werke im Zentrum. Über die Frage, welche Hochhäuser einem persönlich zum Lachen oder Schmunzeln bringen, kann ein Bezug zur Intention des Künstlers hergestellt werden.

Ausklang
Gemeinsam erfolgt die Zusammenstellung der Häuser als Collage, indem die Einzelhäuser hintereinander angeordnet und mit Mond und Sternen ergänzt auf ein blaues Tonpapier geklebt werden. In Querverbindung zum Englischunterricht kann als Abschluss das Lied „If you're happy“ gemeinsam gesungen werden.

Tafelbild

James Rizzi

1950 geboren
aus New York

Block Party

Farbe
poppig
schwarzer Rand

Bild: Block Party

Bemalung
Gesichter
Verzierungen: Herz, Schleife
Punkte,
Fenster

Form
schräg
rund
spitz
zackig

Anordnung
hintereinander

Was?

Häuser-Party

Wie?

jeder 1 Hochhaus

✂

alle Hochhäuser
→ Häuser-Party

Womit?

Ölpastellkreide

Hörspiel

„James Rizzi ist ein bekannter Künstler. Er wurde 1950 in New York, einer Großstadt in Amerika geboren. New York ist seine liebste Stadt und deshalb malt er besonders gern die Menschen und Häuser dieser Stadt.“

Arbeitsauftrag für Gruppe 1: Gesichtsausdrücke

Schreibt Stichworte.

1. Die Hochhäuser sehen gar nicht wie Häuser aus!
   Woran erinnern euch Rizzis Häuser?

   ____

2. Sucht euch zwei der Hochhäuser aus und stellt die Häuser nach.
   ⇨ Achtet auf Mimik, Gestik und Körperhaltung.
   ⇨ Übt im Nebenraum.
   ⇨ Bestimmt 2 Kinder, die es nacheinander der Klasse vorspielen.
3. Später sollen die anderen erraten, welche Hochhäuser ihr darstellt.

Arbeitsauftrag für Gruppe 2: Anordnung

Schreibt Stichworte.

1. Wie hat James Rizzi die Häuser auf seinem Bild angeordnet?
   Tipp: Könnt ihr jedes Haus ganz sehen? Überlegt, warum das so ist!

   ____

2. Stellt euch vor, ihr seid die Hochhäuser. Übt es, euch so aufzustellen wie die Hochhäuser auf dem Bild.
3. Später sollen die anderen erraten, wie James Rizzi seine Hochhäuser auf seinem Bild angeordnet hat.

Arbeitsauftrag für Gruppe 3: Häuserform

Schreibt Stichworte.

1. Umfahrt mit dem Finger den Umriss des Hochhauses auf dem Foto und von Rizzi! Welchen Unterschied stellt ihr fest?

   ____

   ____

2. Beschreibt mit Wiewörtern die Formen der Hochhauswände und -dächer.

   ____

3. Wählt einen Gruppensprecher, der später vorstellen soll, welche Formen James Rizzi für seine Hochhäuser verwendet hat.

Arbeitsauftrag für Gruppe 4: Verzierung

Schreibt Stichworte.

1. James Rizzi hat seine Häuser verziert. Welche 5 Verzierungen könnt ihr – außer den Gesichtern – noch entdecken?

   ____

   ____

2. Wählt einen Gruppensprecher, der später vorstellen soll, wie Rizzi seine Häuser verziert hat.

4.2 Bilder erzählen Geschichten – Malen wie Aborigines (Bildbetrachtung mit Umgestaltung)

Dauer: ca. drei Unterrichtseinheiten

Lernziele

Die Kinder begegnen anhand eines exemplarischen Beispiels der kulturellen Leistung der australischen Ureinwohner. Sie sollen sich dabei bewusst mit der Entstehung, Gestaltungsweise und Aussage der Aboriginal Art auseinandersetzen. In die Herstellung eigener kreativer Werke sollen Form-, Farb- und Technikaspekte Berücksichtigung finden.

Materialien

- Wasserfarben, Wassergefäß
- Schwamm
- Borstenpinsel
- Didgeridoo-Musik
- Wattestäbchen
- Skizzenpapier
- quadratisch zugeschnittenes Zeichenpapier (ca. 18 cm × 18 cm)
- schwarze Filzstifte

Didaktisch-methodische Vorüberlegungen

Die Aborigines sind die Ureinwohner Australiens und eines der ältesten Völker der Erde. Sie lebten als Jäger und Sammler und zogen als Nomaden durch das Land. Dabei waren sie in besonderer Weise mit der Natur verbunden. Die Entdeckung Australiens im 18. Jahrhundert durch die Weißen führte dazu, dass ihr Lebensraum systematisch zerstört und die Ureinwohner in Reservate verbannt wurden. Erst seit den 70er Jahren des 20. Jahrhunderts setzte man sich verstärkt für den Schutz der Aborigines und ihrer Kultur ein.
Sowohl frühere als auch zeitgenössische Kunstwerke der Aborigines spiegeln ihre Vorstellung von der Entstehung der Erde und der Schöpfung aller Tiere, Menschen, Pflanzen und spiritueller Wesen wider. Die Schöpfungsgeschichte erzählt davon, dass Schöpferwesen (vor allem Schlangen) zunächst die Erde und das Leben darauf erschufen und dann die Verantwortung an die Menschen übertrugen.
Den australischen Ureinwohnern war die Schriftsprache unbekannt, so dass sie sich einer Bildsprache bedienten. Ihre Bilder erzählen Geschichten von der Schöpfung, dem Leben und der australischen Landschaft. Auch die australischen Gegenwartskünstler verwenden diese bildhafte Sprache in ihren Werken. Als charakteristische Elemente lassen sich in ihren Bildern identifizieren:

- Formen: einfache immer wiederkehrende Zeichen bzw. Symbole
- Farben: überwiegend Erdfarben, weiß und schwarz
- Technik: Dot-Painting (Punkt-Stil)

Indem die Kinder die Bedeutung einfacher Bildzeichen kennen lernen und sie bei der Gestaltung eines eigenen Kunstwerkes miteinander kombinieren, erzählen auch ihre Bilder kleine Geschichten, die mit der Punkt-Technik verziert werden.

Hinweise zum Unterrichtsverlauf

Vorbereitung

Für die Herstellung der Hintergründe ist ungefähr eine Unterrichtseinheit einzuplanen. Damit die Hintergründe möglichst effektvoll sind, lernen die Kinder verschiedene experimentelle Verfahren kennen. Die Farbauswahl orientiert sich dabei an die spätere Gestaltungsaufgabe. Im Sitzkreis suchen zunächst die Kinder aus einer Vielzahl von Farbkärtchen die Erdfarben heraus. Dabei soll deutlich werden, dass es von einzelnen Farbtönen (z. B. braun, rot, ocker) auch verschiedene Nuancen gibt. Nun werden den Kindern vier verschiedene experimentelle Verfahren vorgestellt (siehe S. 107). Auf spielerische Weise erproben die Kinder die verschiedenen aleatorischen Verfahren. Dabei erleben sie die Bildung zufälliger Strukturen und Muster.

Initiation

Anhand von Bildern (siehe CD-ROM) erzählt die Lehrerin von den Ureinwohnern Australiens, den Aborigines. Erfahrungen der Kinder, die Australien als Urlaubsland oder aus den Medien kennen, werden aufgegriffen. Damit sich alle Kinder geografisch orientieren können, wird gemeinsam auf dem Globus oder der Weltkarte Australien gesucht. Die Lehrerin berichtet, dass die Ureinwohner durch das Land zogen, auf die Jagd gingen und Beeren, Kräuter usw. sammelten. Da sie noch keine Schrift – so wie wir sie haben – kannten, verwendeten die Aborigines Zeichen. Statt zu schreiben, malten sie Bilder. Häufig verwendete Symbole werden mit Hilfe eines Plakates besprochen.

Werkbegegnung

Bei Didgeridoo-Musik betrachten die Kinder im Theaterhalbkreis das Bild eines australischen Künstlers. Im Anschluss daran beschreiben sie, was sie sehen und zeigen mit dem Zeigestab ausgewählte Bildausschnitte. Einzelne Bildzeichen werden erkannt und assoziativ miteinander verbunden.

Exploration

In Gruppenarbeit wird das Bild genauer analysiert. Dabei werden die charakteristischen Darstellungsweisen (Farbe, Formen, Technik) untersucht. In der

Auswertungsphase stellen die einzelnen Gruppen ihre Arbeitsergebnisse im Plenum vor. Parallel hierzu wird das Tafelbild entwickelt. Die Lehrerin hält fest, dass verschiedene Bildzeichen verwendet, Erdfarben benutzt und das Bild mit Punkten ausgestaltet wurde.
Um wie Aborigines malen zu können, probieren die Kinder die Punkt-Technik aus. Dazu gestalten sie mit Wattestäbchen und Wasserfarben ein Punktmuster auf einem Skizzenpapier. Die Ergebnisse werden kurz im Stehkreis ausgewertet. Als Gestaltungshinweise werden dabei herausgearbeitet, dass man die Farbe dick anrührt, für jede Farbe ein eigenes Wattestäbchen benutzt und nicht zu fest aufdrückt, da ansonsten zu dicke Punkte entstehen.
Da die Bilder der Aborigines Geschichten erzählen, bekommen die Kinder den Auftrag zu überlegen, welche Geschichte das betrachtete Bild erzählt. Die assoziative Verknüpfung der einzelnen Bildzeichen zu kleinen Geschichten regt die Kreativität der Kinder an. Nach dem Austausch mit ihrem Partner und der Vorstellung einzelner Erzählungen wird schnell klar, dass das Bild verschieden interpretiert werden kann.

Objektivierung
Jetzt geht es darum, aus verschiedenen Bildzeichen eine eigene Geschichte zu erfinden und sie als Bild anzuordnen. Bei Bedarf können hierzu die Kinder zuerst auf ein Skizzenpapier arbeiten, bevor sie mit einem schwarzen Filzstift die Geschichte auf einen der vorbereiteten Hintergründe malen. Die Ausgestaltung des Bildes erfolgt im Punkt-Stil mit Wattestäbchen und Wasserfarben. Dazu verwenden die Kinder in erster Linie Natur-/Erdfarben, schwarz und weiß. Schnell arbeitende Kinder können mit ihren verschiedenen Hintergründen weitere Gestaltungsmöglichkeiten erproben.

Reflexion
Im Stehkreis stellen die Kinder ihre Bild-Geschichten vor. Die Würdigung der Arbeiten erfolgt anhand der charakteristischen Darstellungsweisen:
Wie wurden die verschiedenen Symbole zu einem Bild angeordnet?
Welche Farben wurden verwendet?
Wie wurde das Bild mit Punkten ausgestaltet?
Wie sauber wurde gearbeitet?

Ausklang
Die Kinder schreiben die zu ihrem Bild gehörende Geschichte auf. Dies kann auch in einer eigenen Unterrichtsstunde in Querverbindung zu Deutsch geschehen.

Hintergrundgestaltung (experimenteller Farbauftrag)

1. Möglichkeit:
Trage mit dem Borstenpinsel eine Farbe deckend (pastos) auf.
Tupfe anschließend mit dem Schwamm eine Kontrastfarbe darüber.

2. Möglichkeit:
Tupfe mit dem Schwamm eine Farbe auf.
Dabei soll das Blatt noch weiß durchschimmern.

3. Möglichkeit:
Tupfe mit Schwamm zwei Farben ineinander.

4. Möglichkeit:
Trage zunächst eine Farbkombination mit viel Wasser auf.
Lege dann die Frischhaltefolie faltig auf die nasse Farbe.
Danach kann das Bild trocknen.

Arbeitsauftrag für Gruppe 1: Farbe

1. Mit welchen Farben wurde das Bild gemalt?

___

2. Stellt mit Wachsmalkreiden Farbkärtchen her.
3. Wie werden die verschiedenen Brauntöne noch genannt?

___

Arbeitsauftrag für Gruppe 2: Form

1. Welche Formen kannst du auf dem Bild erkennen?

___

2. Malt die einzelnen Formen mit schwarzem Filzstift groß auf.
3. Was könnten die Formen bedeuten?

___

Arbeitsauftrag für Gruppe 3: Punkte

1. Was kannst du überall klein auf dem Bild finden?

___

2. Gehe erst ganz nah an das Bild ran und halte es dann weit weg. Was stellst du fest?

___

3. Probiere die Maltechnik mit Wattestäbchen auf einem Zettel aus.

Tafelbild

Zeichen

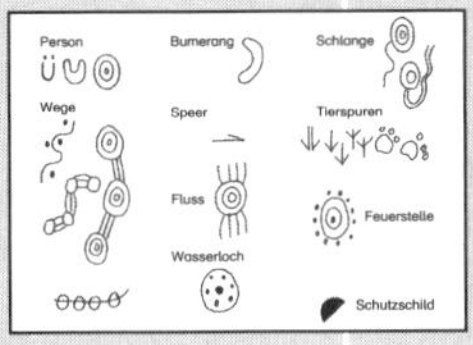

Was? **Malen wie Aborigines**

Wie?

Formen
Bildzeichen

Bild:
Punkt-
Malerei

Farben
Erdfarben
schwarz
weiß

Technik
Punkt-
Malerei

Womit? Wattestäbchen
Wasserfarben

Bilder
und
Karte:
Austra-
lien

Vorlage Bildzeichen

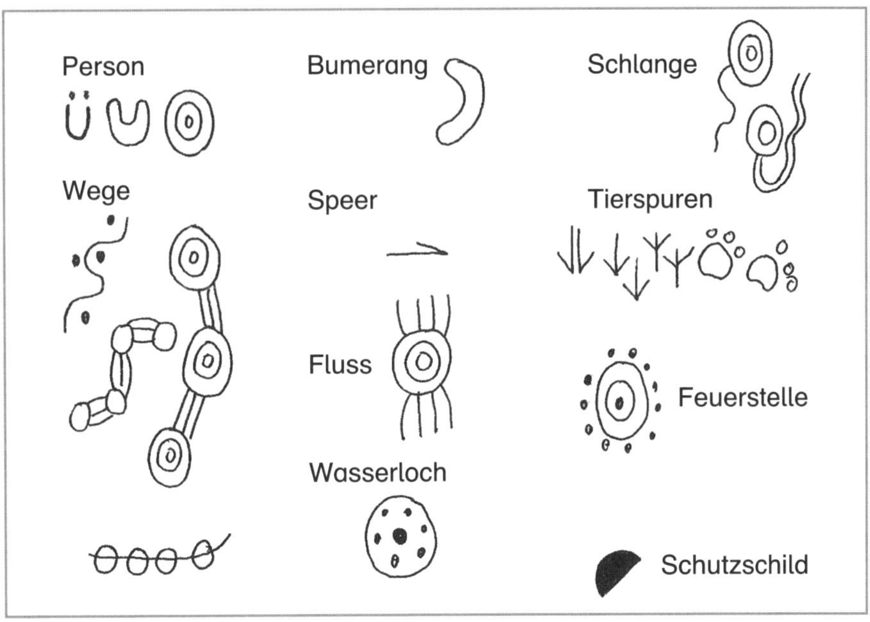

4.3 Mein Haustier nach Andy Warhol (Bildbetrachtung mit Umgestaltung)

Dauer: ca. eine Unterrichtsstunde

Lernziele:
Die Kinder sollen das Bild des Künstlers kennen lernen, erleben und visuell erschließen. Ausgehend von der Analyse der charakteristischen Darstellungsweisen (Farbe, Linie, Schrift) erproben sich die Kinder in der Verfremdung ihres eigenen Haustieres.

Materialien:
- Fotografien von Haustieren (vorbereitende Hausaufgabe)
- Kunstbild „Sam“ von Andy Warhol (siehe CD-ROM)
- Porträt des Künstlers
- Musik von „The Clou“
- Skizzenpapier DIN A5
- Zeichenblockpapier DIN A4
- Wasserfarben, Borstenpinsel, Wassergefäß
- dicke, schwarze Filzstifte

Didaktisch-methodische Vorüberlegungen
Tiere begeistern Kinder. Viele von ihnen besitzen ein eigenes Haustier und erzählen immer wieder von ihren Erlebnissen mit ihnen. Diese natürliche Neugier bietet einen guten Anlass, „Haustiere“ zum Thema im Kunstunterricht zu machen. Tiere faszinieren aber nicht nur Kinder, sondern auch Künstler. Der amerikanische Pop-Art-Künstler Andy Warhol, der von 1928 bis 1987 lebte, liebte seine Haustiere so sehr, dass er ihnen ein eigenes Buch widmete. Sein 1954 erschienenes Buch „25 cats name Sam“ spiegelt seine besondere Zuneigung zu seinen Katzen wieder. Aufgrund der Einfachheit der Darstellung und der verfremdeten Farbigkeit wirken Warhols Katzenbilder auf Kinder besonders motivierend.

Hinweise zum Unterrichtsverlauf

Vorbereitung
Kinder experimentieren voller Begeisterung mit einem Fotoapparat. Da es die digitale Technik leicht macht, schnell und kostengünstig Fotos herzustellen, erhalten die Kinder eine vorbereitende Hausaufgabe. Ihre Aufgabe besteht darin, eine gelungene Aufnahme von ihrem eigenen (bzw. von einem) Haustier mit in die Schule zu bringen.

Initiation
Im Sitzkreis präsentieren einige Kinder ihre Schnappschüsse und erzählen, wie es zum Foto kam. Die kleinen Episoden sorgen für eine heitere Stimmung in der Klasse.

Vorübung zur Formerfassung
An die Vorstellung der Tierfotografien schließt eine Vorübung zur Formerfassung an. Die Kinder betrachten die Position ihres Haustieres auf dem Foto genau und fertigen als Bleistiftskizze eine Umrisszeichnung mit lediglich wenigen charakteristischen Binnenelementen an. Diese vorbereitende Tätigkeit vermittelt den Kindern nicht nur Sicherheit in der Formerfassung, sondern macht sie auch mit der für Andy Warhol so typischen knappen, manchmal mehr prägnanten, manchmal mehr eleganten Linienführung vertraut.

Werkbegegnung
An die Vorarbeit schließt die Begegnung mit dem Kunstwerk „Sam" von Andy Warhol an. Hierzu kommen die Kinder in den Halbkreis vor die Tafel. Die individuelle Auseinandersetzung mit dem Werk wird durch leise Hintergrundmusik (z. B. „The Entertainer" von The Clou) unterstützt. Nachdem die Kinder ihre ersten subjektiven Empfindungen und Eindrücke ungelenkt schildern, können sie sich auf der Suche nach Informationen über den Künstler und den Titel des Kunstwerkes machen. Schnell entdecken sie die markanten Schriftzüge. Über ein Bild und ein Hörspiel lernen die Kinder Andy Warhol nun näher kennen, erfahren von seiner Leidenschaft für Fotos und seiner Vorliebe für Katzen.

Exploration
In einer arbeitsteiligen Gruppenarbeit setzen sich die Kinder vertiefend mit dem Kunstwerk auseinander. Dabei werden die charakteristischen Darstellungsweisen (Farbe, Linie, Schrift) untersucht. In der Auswertungsphase stellen die einzelnen Gruppen nacheinander ihre Arbeitsergebnisse im Plenum vor und das Tafelbild wird entwickelt. Festgehalten wird, dass Andy Warhol seine Katze mit einer poppigen, nicht der Wirklichkeit entsprechenden Farbe kolorierte, die schwarzen Konturen „unsauber bzw. unordentlich" setzte und das Fell und die Barthaare durch schwarze Striche hervorhob. Darüber hinaus ist wichtig, dass das Bild den Titel und den Künstlernamen in Schreibschrift enthält. Allerdings hat Andy Warhol sein Bild nicht selbst beschriftet, sondern wegen ihrer schönen Handschrift seine Mutter. Eine szenische Darstellung des Bildinhaltes rundet als spielerisches Element die Bildbetrachtungsphase ab.

Objektivierung
Auf die Provokation, dass nun alle „Sam" ganz genau nachmalen sollen, reagieren die Kinder prompt. Sie äußern mit Begeisterung den Wunsch, ihr eigenes

Haustier zu malen. Die Ausrichtung der Gestaltungsaufgabe auf das eigene Haustier steigert sowohl die Motivation als auch die Identifikation. Um Verfahrensfehler zu minimieren, werden die Reihenfolge der Gestaltung sowie die technischen Besonderheiten kurz zusammengetragen und an der Tafel vermerkt. Im Anschluss daran zeichnen die Kinder ausgehend von ihren Tierporträts die Umrisse mit dem Bleistift auf Papier (DIN A4) und färben den Körper mit Wasserfarben in ihrer Lieblingsfarbe. Mit einem schwarzen Filzstift versehen sie ihr Bild mit unregelmäßigen Konturen, dem Namen ihres Haustieres sowie ihrem eigenen Namen. Charakteristische Elemente wie Barthaare, Fell, Augen werden schwarz hervorgehoben. Schnell arbeitende Kinder fertigen ein zweites Bild – nun allerdings mit einer anderen Farbgebung – an. Das entspricht dem Prinzip der Serialität, das als ein Markenzeichen von Andy Warhol, dem Meister der Vervielfältigung gilt.

Reflexion
Im Stehkreis würdigen die Kinder die Arbeiten ihrer Mitschüler. Der Rückgriff auf das Werk des Künstlers erleichtert die kritische Reflexion. Indem die Kinder ihre Bilder zu den erarbeiteten charakteristischen Merkmalen (Farbe, Linie, Schriftzug) in Beziehung setzen, erfolgt eine kriterienbezogene Bewertung.

Ausklang
Zum Abschluss wird den Kindern das Zitat des Künstlers „Ich weiß nicht, wo die Wirklichkeit aufhört und wo die Kunst beginnt“ präsentiert. Gemeinsam wird eine vorsichtige Interpretation vorgenommen. Denn sowohl das Foto als auch das gemalte Bild zeigen gleichzeitig ein Stück weit Kunst wie auch ein Stück weit Wirklichkeit. Da es das fotografierte und gemalte Tier wirklich gibt, kann man einfach nicht genau wissen, wo die Wirklichkeit aufhört und die Kunst beginnt.

Tafelbild

Andy Warhol

1928–1987
aus Amerika

Sam

Farbe
vor allem rot

Linie
Rand und Striche schwarz

unordentlich

Schrift
Künstlername und Tiername
Schreibschrift
schwarz

Was?	
Dein Haustier	
Wie?	**Womit?**
1. Umriss	Bleistift
2. Körper	Wasserfarben
3. Linie/Schrift	Filzstift schwarz

Vorbereitende Hausaufgabe

Ran an die Kamera!

1. Fotografiere (d)ein Haustier!

2. Bringe bis zum ________________ von (d)einem Haustier in die Schule mit:

   ⇨ 1 gelungenes Tierfoto (Ganzkörperaufnahme)
   Größe: 18 × 13 cm

Hinweis: Bei Computerausdrucken bitte unbedingt gutes Fotopapier verwenden.

Arbeitsauftrag für Gruppe 1: Linie

Schreibt Stichworte.

1. Andy Warhol hat so gemalt, dass die Farbe der Katze richtig gut leuchtet! Überlegt, **wie** er das gemacht hat.

   ____

2. Wie ordentlich hat er seine Ränder gemalt?

   ____

3. Was hat Andy Warhol an der **Katze** noch alles mit **schwarzen Strichen** gemalt?

   ____

Arbeitsauftrag für Gruppe 2: Farbe

Schreibt Stichworte!

1. Schaut genau, mit welcher Farbe Andy Warhol den Körper der Katze angemalt hat?

   ____

2. Was meint ihr, warum er diese Farbe verwendet hat?

   ____

3. Überlegt, ob Sam so auch in Wirklichkeit aussah?
   Begründet eure Meinung!

   ____

Arbeitsauftrag für Gruppe 3: Schrift

Schreibt Stichworte.

1. Schaut genau, was auf Andy Warhols Bild geschrieben steht.

   ____

2. Überlegt, welche Schrift dabei verwendet wurde.

   ____

3. Was meint ihr, warum diese Schrift benutzt wurde?

   ____

Arbeitsauftrag für Gruppe 4: Position

1. Schaut euch auf dem Bild genau an, **wie** Sam abgebildet ist.
2. Bestimmt **ein Kind**, das Sam nachspielt.
3. Die **anderen Kinder** überlegen sich andere Posen (z. B. liegend, zusammengekuschelt …).
   ⇨ Übt auf dem Gang die Positionen ein (Jedes Kind spielt eine Position).
   ⇨ Achtet auf die Körperhaltung.
4. Später sollen eure Mitschüler erraten, welches Kind Sam nachstellt.

Andy Warhol ist ein bekannter Künstler. Er lebte von 1928–1987 in Amerika. Schon als Kind waren Filme und Fotos seine große Leidenschaft. Mit einer kleinen Kamera knipste er Tausende eigener Fotos. Er schaute sie immer wieder an und begann schließlich nach ihnen zu malen und zu zeichnen. Eines seiner Lieblingsmotive waren seine Katzen, die er alle Sam nannte.

4.4 Blättertiere nach Ditti Buchheim (Bildbetrachtung mit Umgestaltung)

Dauer: ca. eine Unterrichtsstunde

Lernziele

Die Kinder sollen in der Auseinandersetzung mit den Blätterbildern der Künstlerin Diethild (Ditti) Buchheim angeregt werden, aus gepressten Blättern ein eigenes Tier zu gestalten.

Materialien

- Kunstbild „Publikumswirksamer Auftritt des stolzen Frederic, Prachthahn aus Ruanda beim Federball" von Diethild Buchheim (siehe CD-ROM)
- Porträt der Künstlerin
- Zeichenblockpapier DIN A3
- verschiedene getrocknete und gepresste Blätter
- Kleber

Didaktisch-methodische Vorüberlegungen

Der Herbst lässt die Natur in bunter Schönheit erstrahlen. Dabei trifft man auf Schritt und Tritt auf farbenprächtige Herbstblätter. Gräser, Halme und Blätter eignen sich besonders, um Bildideen mit überraschenden Erfolgen verwirklichen zu können. Denn die Materialien aus der Natur können mit erstaunlicher Vielseitigkeit kombiniert werden. Diese Vielfalt zeigen die Blättercollagen von Diethild Buchheim. Im Gegensatz zu ihrem Mann, dem berühmten Künstler Lothar-Günther Buchheim, kann sie nicht besonders gut zeichnen. Aber wer sagt denn, dass Bilder unbedingt gezeichnet oder gemalt werden müssen? Sie kam auf die Idee, mit gesammelten und gepressten Blättern Bilder zu gestalten. Das machte ihr so großen Spaß, dass sie immer komischere, lustigere, ausgefallenere und interessantere Tiere erfand. Ihr Mann sagte einmal: „Ditti zeichnet nicht besonders gut – und macht doch die allerschönsten Bilder!" Ihre Blätterbilder kann man im Buchheim-Museum in der Nähe von München bewundern.

Hinweise zum Unterrichtsverlauf

Vorbereitung

Die Kinder sammeln entweder als vorbereitende Hausaufgabe oder im Rahmen eines Unterrichtsganges Blätter, Gräser und Halme, die zunächst in Büchern oder Katalogen gepresst werden.

Initiation
Im Stehkreis werden den Kindern auf einem DIN-A3-Papier verschiedene gepresste Blätter als stummer Impuls präsentiert. Sehr schnell reagieren die Kinder und fangen an, die getrockneten Blätter hin und her zu schieben und zu einer Komposition zusammenzufügen.

Werkbegegnung
Dass aus Blättern Bilder entstehen können, gefällt einer Künstlerin besonders. Anhand einer Fotografie der Künstlerin und einer Lehrererzählung erfahren die Kinder, dass Ditti Buchheim zunächst traurig war, weil sie nicht gut zeichnen und malen konnte. Aber dann kam ihr die Idee, mit Blättern Bilder zu gestalten. Dabei geht sie genauso wie die Kinder vor. Sie schiebt die gepressten Blätter so lange hin und her, bis eines ihrer lustigen Blättertiere entsteht. Das Bild des stolzen Frederic wird als großformatiges Bild präsentiert. Bis die leise Musik verstummt, betrachten die Kinder zunächst das Bild still, bevor sie ihre Eindrücke verbalisieren. Da Ditti Buchheim ihren Blättertieren oft sehr fantasievolle Namen gegeben hat, überlegen sich die Kinder in Partnerarbeit, wie das Bild heißen könnte. Nach der Sammlung der verschieden Möglichkeiten, wird ihnen der Titel in Kurzform „Der stolze Frederic, Prachthahn aus Ruanda" genannt und erklärt.

Exploration
Um die Arbeit der Künstlerin nachvollziehen zu können, erhalten die Kinder als Gruppenarbeit zunächst die Aufgabe, in fünf Minuten ein bestimmtes Tier aus Blättern so zu legen, dass es die Mitschüler erkennen bzw. erraten können. Dabei erfahren die Kinder, dass man mit einer Komposition dann rasch vorankommt, wenn man die bunten Blätter passend auswählt und wirkungsvoll übereinander schichtet. Im Anschluss daran werden in Form eines Museumsrundganges die Gruppenarbeitsergebnisse betrachtet und gewürdigt. Als Vorbereitung für die eigene Gestaltung wird festgehalten, dass für die Wirkung des Bildes einerseits die Auswahl der Blattform und -größe und andererseits die Übereinanderschichtung der Blätter bedeutsam ist.

Objektivierung
Nun erhält jedes Kind den Auftrag auf einem DIN-A3-Papier formatfüllend ein eigenes Blättertier zu erfinden. Dazu schieben sie die gepressten Blätter und Gräser so lange hin und her, bis sie mit ihrer Komposition zufrieden sind. Erst dann wird Blatt für Blatt aufgeklebt. Schnell arbeitende Kinder können ihrem Blättertier einen fantasievollen Namen geben, auf einem Papierstreifen schreiben und ihr Bild damit ergänzen.

Reflexion
Die Kinder kommen mit ihren fertiggestellten Kunstwerken in den Stehkreis und legen es vor sich auf den Boden. Sie betrachten und würdigen die Blättertiere ihrer Mitschüler. Die lustigen Namen, die sich die Kinder für ihre Tiere überlegt haben, verdienen dabei besondere Beachtung.

Ausklang
Die Vorstellung des Büchleins „Dittis Blätterbilder“ mit dem Prunkbarsch Vladimir, dem Drachen Waldi, der Kampfhenne Pauline oder dem Uhu Barnabas runden die Stunde ab.

Tafelbild

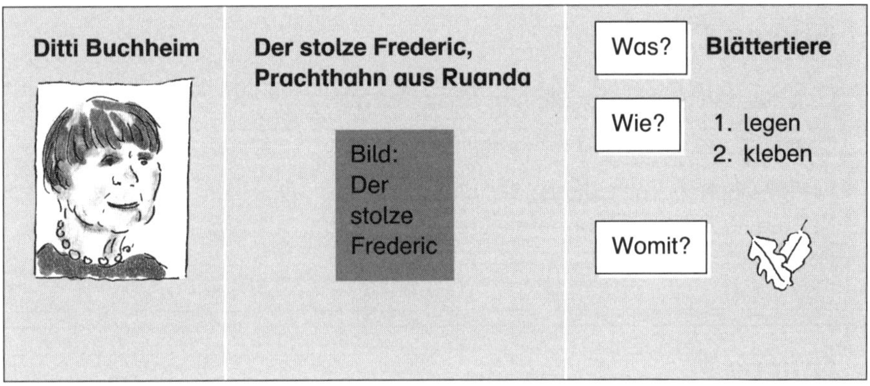

Informationstext

Ditti Buchheim heißt in Wirklichkeit Diethild, wird aber von allen nur Ditti genannt. Sie ist die Frau des Künstlers Lothar-Günther Buchheim. Lange Zeit war Ditti traurig, weil sie nicht gut zeichnen und malen konnte. Aber eines Tages kam ihr die Idee, mit Blättern Bilder zu gestalten. Das nennt man „Blattcollagen“. Mit der Zeit machte ihr das so großen Spaß, dass sie immer komischere, lustigere, ausgefallenere und interessantere Tiere erfand. Heute sagt ihr Mann: „Ditti zeichnet nicht besonders gut – und macht doch die allerschönsten Bilder!“ Man kann ihre Blätterbilder im Buchheim-Museum in der Nähe von München bewundern.

Gruppe 1

Legt aus den gepressten Blättern eine **Maus**.

Denkt daran, ihr habt nur 5 Minuten Zeit!

Fertig? Überlegt euch für das Bild einen Namen:

____

Gruppe 2

Legt aus den gepressten Blättern einen **Fisch**.

Denkt daran, ihr habt nur 5 Minuten Zeit!

Fertig? Überlegt euch für das Bild einen Namen:

____

Gruppe 3

Legt aus den gepressten Blättern einen **Schmetterling**.

Denkt daran, ihr habt nur 5 Minuten Zeit!

Fertig? Überlegt euch für das Bild einen Namen:

____

Gruppe 4

Legt aus den gepressten Blättern einen **Igel**.

Denkt daran, ihr habt nur 5 Minuten Zeit!

Fertig? Überlegt euch für das Bild einen Namen:

____

4.5 Fantasiewesen nach Joan Miró (Bildbetrachtung mit Umgestaltung)

Dauer: ca. zwei Unterrichtsstunden

Lernziele

Die Kinder sollen das Bild des Künstlers kennen lernen, erleben und visuell erschließen. Ausgehend von der Analyse der charakteristischen Darstellungsweisen (Farbe, Form, Zeichen, Kontur) erfinden die Kinder ihr eigenes Fantasiewesen.

Materialien

- Kunstbild „Der singende Fisch" von Joan Miró (siehe CD-ROM)
- Porträt des Künstlers Joan Miró
- Wachsmalkreiden
- Wasserfarben, Borstenpinsel, Wassergefäß
- Zeichenblockpapier DIN A4
- Skizzenpapier DIN A5

Didaktisch-methodische Vorüberlegungen

Joan Miró (1893–1983) ist einer der bedeutendsten Künstler unserer Zeit und seine Werke sind den Menschen weltweit ein Begriff. Die von Miró eigens entwickelte Bildwelt, die das Gegenständliche in Zeichen und Symbole verwandelt, lässt den spanischen Künstler zu einem der wichtigsten Vertreter des Surrealismus werden. Miró ist vor allem durch seine heiteren und skurrilen Traumbilder bekannt. In seinem Spätwerk klingt die Liebe zum Träumen und Fantasieren an. Er nahm sich dabei die Freiheit, schematisierte Formen, leuchtende Farben und traumhafte Figuren ganz nach seiner Fantasie zu arrangieren, zu verzerren oder auf originelle Art nebeneinander zu stellen, dass sie humorvoll wirken. Kräftige Farben und klaren Formen sind für seine Werke ebenso charakteristisch wie die spielerische Verfremdung der Realität, die große Ähnlichkeit zu Kinderzeichnungen aufweist. Da es dem Künstler nicht um eine verbindliche Bildinterpretation ging, sind seine Kunstwerke für individuelle Deutungen offen. Mirós Bilderwelten regen im besonderen Maße die kindliche Fantasie an und seine fantastischen Geschöpfe machen es den Kindern leicht, sie mit eigenen Assoziationen und Vorstellungen zu füllen.

Hinweise zum Unterrichtsverlauf

Vorbereitung

Für die Herstellung der Hintergründe ist ungefähr eine Unterrichtseinheit einzuplanen. In Anlehnung an das später zu betrachtende Kunstwerk wird als

Hintergrundgestaltung die Spritztechnik angewandt. Nach einer kurzen Einführung der Technik, erproben die Kinder das neue Verfahren. Dazu wählen sie eine helle, leuchtende Farbe aus ihrem Wasserfarbkasten aus und rühren sie mit dem Borstenpinsel dickflüssig an. Indem sie ihren Pinsel dicht über das Blatt halten und mit der Fingerspitze über die Borsten streifen, entstehen große und kleine Farbspritzer. Dies wird so lange wiederholt, bis das ganze Blatt mit Spritzern von nur einer Farbe überzogen ist. Als Alternative zum Borstenpinsel können auch Spritzsieb und Zahnbürste verwendet werden. Günstig ist, wenn die Kinder zwei bis drei verschiedenfarbige Hintergründe gestalten. So steht ihnen für die spätere Gestaltungsaufgabe eine Auswahl zur Verfügung.
Darüber hinaus vergrößert die Lehrerin das Porträt von Joan Miró und besorgt passende Musik (z. B. von Kitaro Ki).

Initiation
Die Lehrerin zeigt eine Fotografie von Joan Miró beim Zeichnen im Atelier. Die Kinder beschreiben das Bild und vermuten, welchen Beruf Joan Miró hatte. Damit die Kinder den Künstler näher kennen lernen, erzählt die Lehrerin einige biographische Einzelheiten über ihn (z. B. dass er aus Spanien kommt, ein sehr berühmter Maler war, von 1893–1983 lebte, häufig seine Träume malte, Personen, Tiere und Gegenstände nicht so malte wie sie in Wirklichkeit sind ...), die über Wortkarten an der Tafel fixiert werden.

Werkbegegnung
Mit der Frage, „Welchen Traum Miró wohl hier zu Papier brachte?“ leitet die Lehrerin die Werkbegegnung ein. Bei leiser Musik von Kitaro Ki betrachten die Kinder im Halbkreis vor der Tafel das Bild des Künstlers. Im Anschluss beschreiben sie, was sie sehen und zeigen mit dem Zeigestab ausgewählte Bildausschnitte. Gleichzeitig bringen die Kinder erste Ideen über den Bildinhalt ein.

Exploration
In Gruppenarbeit wird das Bild genauer analysiert. Dabei werden nicht nur die charakteristischen Darstellungsweisen (Farbe, Form, Zeichen, Kontur) untersucht, sondern auch Ideen für den Titel des Bildes gesammelt. In der Auswertungsphase stellen die einzelnen Gruppen ihre Arbeitsergebnisse im Plenum vor. Parallel hierzu wird das Tafelbild entwickelt. Festgehalten wird, dass Joan Miró vor allem die Farben rot, blau, grün, gelb und schwarz verwendete und die Leuchtkraft der Farbe durch die schwarze Kontur hervorhob. Die dem Bild zu entnehmende Zeichensprache umfasst u. a. Sterne, einfache Striche sowie geometrische Grundformen. Nachdem die Kinder ihre Ideen zum Bildtitel wie z. B. „Der rufende Hund.“ oder „Der hungrige Vogel.“ vorgestellt haben, wird ihnen der originale Titel des Werkes „Der singende Fisch“ präsentiert.

Gleichzeitig kann hier ein Bogen zur Intention des Malers, keine verbindlichen Bildinterpretationen vorzugeben, eingegangen werden.

Objektivierung
Da Miró seine Fantasie und Träume malte, besteht die Gestaltungsaufgabe auch für die Kinder darin, unter Berücksichtigung der charakteristischen Gestaltungselemente (Farbe, Form, Kontur) ein eigenes Fantasiewesen zu malen. Als Vorübung ist es hilfreich, wenn die Kinder als Bleistiftskizze eine Umrisszeichnung von ihrem Traumgeschöpf zeichnen, die im Stehkreis kurz vorgestellt wird. Im Anschluss daran malen die Kinder mit Wachsmalkreide ihre Fantasiefiguren auf die mit Spritztechnik vorbereiteten Hintergründe.

Reflexion
Im Stehkreis würdigen die Kinder die Arbeiten ihrer Mitschüler. Indem die Kinder ihre Bilder zu den erarbeiteten charakteristischen Merkmalen (Farbe, Form, Zeichen, Kontur) in Beziehung setzen, erfolgt eine kriterienbezogene Auswertung.

Ausklang
Zum Abschluss erfinden die Kinder für ihr Traumwesen einen fantasievollen Namen als Bildtitel.

Tafelbild

Joan Miró

1893–1983
aus Spanien

Der singende Fisch

Wie?

Inhalt
(Wortkarten der Kinder)

Farben		**Formen**
Rot	Bild: Der singende Fisch	Sterne
Grün		Striche
Blau		Punkte,
Gelb		Kreise
Schwarz		Vierecke
		Dreiecke

Was?

Fantasiewesen

Womit?

Wachsmalkreide

Gruppe 1: Farben

Welche Farben hat Miró für sein Bild **vor allem** verwendet?

Malt mit Filzstiften immer eine Farbe auf ein Zettelchen!

Gruppe 2: Formen und Zeichen

Welche geometrischen Formen und welche Zeichen verwendete Miró?

Malt mit einem schwarzen Filzstift immer eine Form oder ein Zeichen auf ein Zettelchen!

Gruppe 3: Name des Bildes

Wie könnte Miró das Bild genannt haben?

Schreibt eure Ideen groß auf die Wortkarten!

Gruppe 4: Rand

Warum leuchten die Farben der Figur? ______________________

Malt auf einem Zettelchen ein Farbfeld mit schwarzem Rand und auf einem Zettelchen ein Farbfeld ohne schwarzen Rand.

Was stellt ihr fest?

____

____

4.6 Lustige Berge nach Emil Nolde (Bildbetrachtung mit Nachgestaltung)

Dauer: ca. zwei Unterrichtsstunden

Lernziele
Die Kinder sollen den Künstler, eines seiner Kunstwerke und die eigene Darstellungsweise kennen lernen und ausgehend davon einen lustigen Berg oder eine Gebirgskette gestalten.

Materialien
- Kunstbild „Das Matterhorn lächelt“ von Emil Nolde (siehe CD-ROM)
- Porträt des Künstlers
- Tonpapier zur Auswahl in Orange, Hellblau, Dunkelblau, Rot DIN A4
- Bilder von Berglandschaften (z. B. aus Kalendern, Zeitschriften)
- Deckweiß, Wasserfarben, Wassergefäße
- Borstenpinsel

Didaktisch-methodische Vorüberlegungen
Durch Fernsehen, Zeitungsberichte, Naturfilme und evtl. eigene Urlaubserfahrungen haben Kinder eine recht genaue Vorstellung von Bergen, Gebirgen und Gebirgsketten. An die Eigenerfahrungen und das Vorwissen der Kinder anknüpfend bedarf es nur geringer Anstöße, um sie zu einer Gestaltung aus dem Themenbereich „Natur“ anzuregen.

Hinweise zum Unterrichtsverlauf

Vorbereitung
Die Lehrerin besorgt eine Folie des Kunstwerkes und sammelt Bilder von Bergen und Hochgebirgslandschaften. Darüber hinaus stellt sie Tonpapier in den verschiedenen Farben im Klassensatz bereit.

Initiation
Zum Einstieg erzählt die Lehrerin vom Urlaub in den Bergen und heftet die Bilder einiger Hochgebirgslandschaften an die Tafel. Die Kinder erhalten kurz Gelegenheit von eigenen Erlebnissen zu berichten. Anschließend leitet die Lehrerin auf eine ganz eigene künstlerische Darstellung eines Berges über und zeigt das Kunstwerk.

Exploration
Eine Untermalung mit Musik verhilft zu einer konzentrierten Betrachtung des Bildes. Danach erhalten die Kinder die Gelegenheit, sich frei zum Bild zu äußern. Mit Hilfe eines Bildes stellt die Lehrerin den Künstler vor, benennt

den Titel des Bildes und erzählt einige wichtige Daten aus seinem Leben. Zur intensiveren Auseinandersetzung mit dem Kunstwerk erhalten die Kinder Arbeitsaufträge in Partnerarbeit. Wichtige Ergebnisse der Auswertung werden an der Tafel festgehalten. Anschließend wird den Kindern die Idee für die eigene Gestaltung, nämlich lustige Berge zu malen, präsentiert. Im Unterrichtsgespräch werden die Gestaltungskriterien erarbeitet. Hier liegt der Schwerpunkt zunächst auf den Formen. Beim erneuten Betrachten der Bilder von den Hochgebirgslandschaften erkennen die Kinder, dass Berge unterschiedlich hoch sind und nach oben hin spitz zulaufen oder an der höchsten Stelle abgerundet sein können. Um dies noch bewusster zu erfassen, können zudem die Umrissformen mit dem Finger oder mit den Händen in der Luft nachgefahren werden. Berge im Hochgebirge sind mit Schnee bedeckt, weshalb zum Malen Deckweiß verwendet wird. Um einen Berg vom danebenstehenden abzugrenzen, werden die Seitenhänge grau abgesetzt, was einen eher natürlicheren Bildausdruck verleiht. Mund, Nase und Augen werden in Anlehnung an das Kunstwerk nach dem Trocknen ergänzt. Schließlich werden die Gestaltungskriterien wiederholt. Wichtig ist der Hinweis auf einen satten Farbauftrag und die Verwendung von viel Farbe und wenig Wasser.

Objektivierung
Die Lehrerin hängt das Kunstwerk und die Bilder ab oder deckt sie zu. Die Kinder suchen sich eine Tonpapierfarbe für die Bildgestaltung aus, wählen Hoch- oder Querformat und malen lustige Berge.

Reflexion
Im Stehkreis werden die Werke der Kinder gewürdigt und im Hinblick auf die Gestaltungsidee, den Farb- und Formaspekt kritisch betrachtet.

Ausklang
Die Arbeiten der Kinder werden im Klassenzimmer ausgestellt. Zum Abschluss bietet sich in Querverbindung zum Musikunterricht das Singen des alten Volksliedes„Bergvagabunden (Text: Etrich Hartinger, Melodie: Hans Kolesa) an (siehe CD-ROM).

Tafelbild

Bilder: Berge

Künstler:

Emil Nolde

Das Matterhorn lächelt

Inhalt:
Berg mit Gesicht eines lächelnden Mannes

Bild:
Das Matterhorn lächelt

Farben:
Braun, Weiß, Blau, Orange …

Emil Nolde möchte von der Schönheit des Matterhorns erzählen.

Was?

Lustige Berge

Wie?

Bergkette mit Gesichtern

Womit?

Deckweiß, Wasserfarben

Stationen aus dem Leben von Emil Nolde

Emil Nolde wurde am 7. August 1867 als viertes von fünf Kindern in Buhrkall geboren. Nach 1920 gehörte Buhrkall zu Dänemark und Emil nahm die dänische Staatsbürgerschaft an. Seine Jugendjahre verbrachte er auf dem elterlichen Hof und er musste hart arbeiten. Von 1884–1888 besuchte er die Kunstgewerbeschule in Flensburg und ließ sich dort zum Schnitzer und Zeichner ausbilden. Er wurde berühmt durch zahlreiche Werke. So malte und zeichnete er religiöse Bilder, Landschafts- und Südseebilder. Das Kunstwerk „Das Matterhorn lächelt“ entstand im Jahre 1897. Am 13. April 1956 starb er in Seebüll.

Arbeitsaufträge für die Partnerarbeit

Was hat der Künstler auf seinem Bild dargestellt?

____

Welche Farben hat Emil Nolde vor allem verwendet?

____

Was wollte er vielleicht mit seinem Werk ausdrücken?

____

____

Wie wirkt das Bild auf euch?

____

____

____

5. Kartengrüße

Zu unterschiedlichen Gelegenheiten (Weihnachten, Ostern, Geburtstag usw.) ist es üblich, Karten zu verschicken. Kinder sind in der Regel mit Begeisterung dabei, eine Karte zu gestalten. Sie freuen sich, ein kleines *Geschenk* selbst herzustellen und damit anderen eine Freude zu bereiten.

5.1 Weihnachtskarte: Bildgedicht (Ausgestaltung eines Piktogramms)

Dauer: eine Unterrichtsstunde

Lernziele
Die Kinder sollen zum Weihnachtsfest eine Grußkarte gestalten. Dazu füllen sie mit bunten Stiften eine weihnachtliche Umrissform (z. B.: das Piktogramm eines Weihnachtsbaumes) mit Text. Das so entstandene Bild wird ausgeschnitten und auf eine Karte aufgeklebt.

Materialien
- Tonpapier in verschiedenen Farben
- Weihnachtsmotiv-Schablonen
- die Hälfte eines weißen Zeichenblockblattes DIN A4
- farbige Buntstifte, Filzstifte und Fineliner
- Scheren, Klebestifte
- evtl. Sternaufkleber

Didaktisch-methodische Vorüberlegungen
Die Vorfreude der Kinder auf das Weihnachtsfest wird noch mehr gesteigert, wenn weihnachtliche Motive auch bei der Themenwahl für Gestaltungsaufgaben im Kunstunterricht einbezogen werden. Durch den kreativen Umgang und das farbige Ausschmücken eines Piktogramms, das thematisch aus der Erfahrungswelt der Kinder stammt, sollen diese auch die Gelegenheit erhalten, eigene Gefühle und Erwartungen über Weihnachten in Wort und Bild ausdrücken zu können.

Hinweise zum Unterrichtsverlauf

Vorbereitung
Je nach Leistungsstand der Kinder bereitet die Lehrerin Schablonen vor.

Initiation
Zum Einstieg zeigt die Lehrerin ein vorbereitetes Bildgedicht an der Tafel oder auf Folie. Die Kinder äußern sich spontan. Im Unterrichtsgespräch lernen die Kinder den Begriff „Bildgedicht“ kennen. Hierbei soll vor allem der Zusammenhang von Form (des Piktogramms) und Wort herausgestellt werden, also Bilder und Wörter ergänzen sich und drücken einen Sinn aus z. B.: „Im Advent freuen wir uns auf Weihnachten“ usw.
Mit dem Hinweis „Jetzt bist du an der Reihe!“ fordert die Lehrerin die Kinder auf, ein eigenes Bildgedicht zu entwerfen oder zu malen.

Exploration
Zunächst werden Ideen und Vorschläge für Bildgedichte (weihnachtliche Formen/Piktogramme und entsprechendes Wortmaterial) gesammelt. Dabei erhalten die Kinder den Hinweis, dass sich das Wortmaterial fortlaufend wiederholen soll.

Objektivierung
Die Kinder „basteln“ dann ein eigenes Bildgedicht. Dazu zeichnen sie als erstes ein weihnachtliches Piktogramm auf. Als Differenzierung für leistungsschwächere Kinder liegen vorgefertigte Schablonen bereit. Nach dem Beschriften wird das Bildgedicht entlang der Umrisslinie ausgeschnitten und auf Tonpapier aufgeklebt. Schnell arbeitende Kinder können ihre Karte noch mit weihnachtlichen Motiven oder Sternen bekleben und ausschmücken
Leise weihnachtliche Hintergrundmusik erzeugt dabei eine festliche und entspannte Atmosphäre.

Reflexion
Im Stehkreis stellen die Kinder ihr Bildgedicht vor. Dabei werden die Arbeitsergebnisse der Kinder betrachtet, beschrieben und im Hinblick auf die Gestaltungsidee und die Ausführung gewürdigt.

Ausklang
Nun wird das Bildgedicht auf ein farbiges Tonpapier geklebt und die Rückseite beschriftet (z. B.: „Frohe Weihnachten …“). Denkbar wäre auch, die Kopie eines Weihnachtsgedichtes, das die Kinder gelesen oder vielleicht sogar auswendig gelernt haben, aufzukleben.
Zum Abschluss bietet sich in Querverbindung zum Musikunterricht das Singen von Advents- oder Weihnachtsliedern oder das Vorlesen einer Weihnachtsgeschichte an.

Tafelbild

Was?	**Bildgedicht**
Wie?	1. weihnachtliches Motiv aufzeichnen 2. mit Wörtern, Sätzen beschriften 3. ausschneiden und aufkleben 4. Karte ausschmücken
Womit?	Filzstifte, Tonpapier

Vorlage Weihnachtspiktogramme

Vorlage Weihnachtspiktogramme

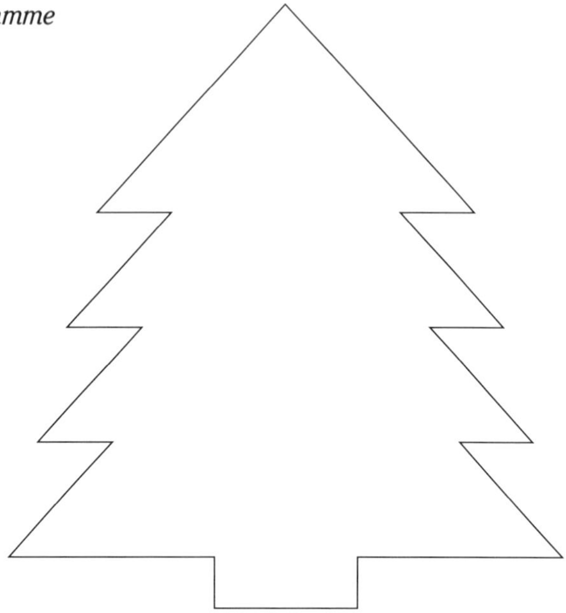

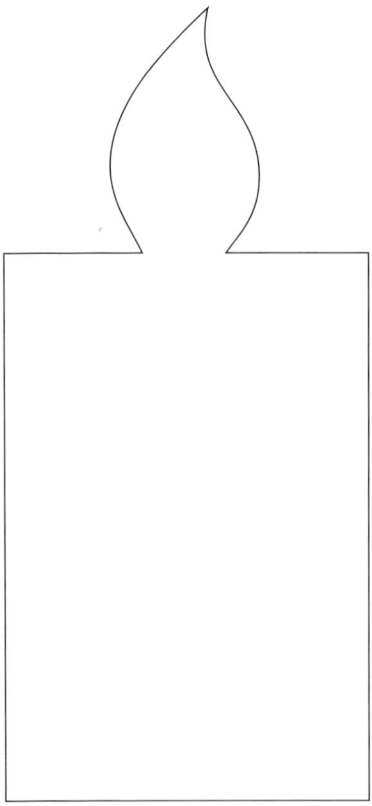

5.2 Osterkarte (Sgraffito-Technik)

Dauer: ca. eine Unterrichtsstunde

Lernziele
Die Schüler sollen zum Osterfest eine Grußkarte gestalten. Dazu sollen sie die Sgraffito-Technik kennen lernen, anwenden und so ein Osterei für die Karte verzieren.

Materialien
- Tonpapier in verschiedenen Farben zur Kartenherstellung (12 cm × 14 cm)
- die Hälfte eines Zeichenblockblattes (DIN A4)
- wasserfeste Wachsmalkreiden oder Ölpastellkreiden
- Eierschablonen
- schwarze Dispersionsfarbe, Wassergefäß und Pinsel oder schwarze Wachsmalkreide
- Schaber oder Zahnstocher bzw. Schaschlikstäbchen
- Scheren, Klebestifte

Didaktisch-methodische Vorüberlegungen
Das Ei als Symbol der Auferstehung spielt in der Osterzeit eine große Rolle. Es ist daher in vielen Gegenden Brauch, Eier zu färben oder zu bemalen.
Sgraffito (deutsch: Kratzputz) wird aus dem Italienischen „sgraffiare“, zu deutsch kratzen, abgeleitet. Eigentlich stellt es eine Art Putztechnik (Technik zur Bearbeitung von Wandflächen) dar, wird aber gerne im Kunstunterricht – hier für die Verzierung des Eies – eingesetzt. Kinder sind besonders für diese Technik zu begeistern, da sie mit Erstaunen beobachten können, welche Wirkungen dabei entstehen.
Hinweis: Die Karte kann auch als Karte zum Aufklappen gestaltet werden. Allerdings erfordert das ganz konkrete Anweisungen für das Ausschneiden der Kartenform.

Hinweise zum Unterrichtsverlauf

Vorbereitung
Die Lehrerin bereitet die Ei-Schablone vor. Die Kinder bringen verzierte Ostereier von zu Hause mit.

Initiation
Ein Gespräch über die unterschiedlichen Osterbräuche (Eiersuche, das Bemalen von Eiern, Entzünden des Osterfeuers u. a.) bilden den Ausgangspunkt für das Vorhaben. Danach betrachten die Kinder verschiedene fertig verzierte, von zu Hause mitgebrachte Ostereier.

Exploration

Auf einem Tisch liegen alle nötigen Utensilien (weißes Zeichenblockpapier, Ei-Schablone, Wachsmalkreiden, schwarze Dispersionsfarbe, Schaber oder Zahnstocher) bereit. Die Kinder versammeln sich darum und äußern Vermutungen zum Aussehen der Karte und zum Arbeitsvorgang. Eine schon gestaltete Karte (Musterbeispiel) kann zur Veranschaulichung bereitliegen. Zur Einführung in die Gestaltungsaufgabe gibt die Lehrerin – auch wenn die Technik vielleicht schon bekannt ist – konkrete Anweisungen (vollständiges Einfärben des Blattes mit hellen, leuchtenden Wachskreiden; verschiedene Farbflächen werden dabei dicht nebeneinander gesetzt; kräftiges Aufdrücken; mit der schwarzen Farbe wird das Bild überzogen; nach dem Trocknen werden mit dem Schaber oder Zahnstocher verschiedene Muster geritzt). Die Kinder probieren zunächst diese Technik im Skizzenheft oder auf ein Skizzenblatt selbst aus. Im Halbkreis vor der Tafel stellen sie ihre Ergebnisse vor und es folgt eine kurze Auswertung der Experimentierphase.

Kriterien für die Besprechung:
Wurden die Wachsschichten dicht aufgetragen?
Wie sauber wurde gearbeitet?
Wurde ordentlich gekratzt?
Welche vielfältigen Formen und Muster wurden gefunden?
In diesem Zusammenhang kann auch ein kurzer Erfahrungsaustausch über die Technik erfolgen (Vorteile, Nachteile, Spaß, Zusammenfassung der Vorgehensweise).

Objektivierung

Die Kinder färben ihr Zeichenpapier formatfüllend in hellen, leuchtenden Farben ein und übermalen diese Wachsschicht mit schwarzer Farbe, entweder mit Wachsmalkreide oder mit Dispersionsfarbe. Für Letzteres muss Zeit zum Trocknen einberechnet werden. Diese kann zur Herstellung der Karte genutzt werden. Aus dem Tonpapier schneiden die Kinder ihre Karte zu. Schließlich wird mit Hilfe der Schablone die Ei-Form auf dem gefärbten Untergrund aufgezeichnet und das Ei mit Ornamenten und Mustern „verziert“, d.h. mit dem Schaber oder Zahnstocher ausgekratzt. Nach dem Ausschneiden wird das Ei auf die vorbereitete Karte aufgeklebt.

Reflexion

Im Kreis werden die Arbeitsergebnisse der Kinder betrachtet, beschrieben und im Hinblick auf die Gestaltungsidee und die Ausführung gewürdigt.

Ausklang

Nun wird die Rückseite oder Innenseite der Karte beschriftet (z. B.: „Ein frohes Osterfest…“). Denkbar wäre auch, die Kopie eines Ostergedichtes, das die Kinder im Deutschunterricht gelesen haben, aufzukleben. Zum Abschluss bietet sich in Fächerverbindung zu Musik das Singen eines Frühlings- oder Osterliedes an.

Tafelbild

Was? **Osterkarte**

Wie?

1. bunt einfärben
2. schwarz überziehen
3. Muster ritzen

kräftig aufdrücken

4. mit Hilfe der Schablone ausschneiden und aufkleben

Womit? Wachsmalkreide, schwarze Farbe, Schaber oder Zahnstocher

Vorlage Ei-Schablone

5.3 Herzkarte (Filzstiftzeichnung)

Dauer: ca. eine Unterrichtsstunde

Lernziele

Die Kinder sollen für den Muttertag eine Grußkarte in der Streifenbildtechnik gestalten.

Materialien

- rotes Tonpapier DIN A5 (zur Mitte falten)
- weißes Papier DIN A6
- Skizzenblätter
- Bleistift, Lineal
- Klebestift
- roter Filzstift

Didaktisch-methodische Vorüberlegungen

Mit einer selbst gebastelten Muttertagskarte können die Kinder ihren Müttern auf ganz persönliche Weise eine kleine Freude bereiten. Die Anwendung der Streifen-Technik, bei der die Positiv- und Negativ-Form abwechselt, verleiht der Karte einen besonderen Reiz.

Hinweise zum Unterrichtsverlauf

Vorbereitung

Die Lehrerin legt das benötigte Papier bereit. Die Kinder bringen als vorbereitende Hausaufgabe einen roten Filzstift mit.

Initiation

Zum Einstieg schreibt die Lehrerin das Datum des Muttertages an die Tafel. Zudem hält sie eine vorgefertigte Karte in der Hand. Sehr schnell ist den Kindern klar, dass es darum geht, eine Muttertagskarte selbst herzustellen.

Exploration

Um die Besonderheiten der Streifenbildtechnik herauszuarbeiten, erhalten die Kinder den Auftrag, mit ihrem Partner zusammen ein exemplarisches Streifenbild zu untersuchen. Die Entdeckungen der Kinder werden gemeinsam besprochen. Hierzu gehören:

- Die einzelnen Streifen haben immer den gleichen Abstand.
- Die Streifen sind abwechselnd weiß und farbig.
- In einem weißen Streifen wird das Herz farbig, bzw. in einem farbigen Streifen bleibt das Herz weiß.

Partnerarbeit

1. Betrachtet das Streifenbild genau.

2. Notiert, was euch auffällt.

Nachdem die Reihenfolge der einzelnen Arbeitsschritte an der Tafel festgehalten wurde, können die Kinder diese Technik bei Bedarf zunächst auf Skizzenblätter ausprobieren.

Objektivierung
Nun ziehen die Kinder mit dem Lineal und dem roten Filzstift Streifen im Abstand von 1 cm. Dann zeichnen sie viele große und kleine Herzen auf ihr Streifenbild ein. Zum Schluss malen sie jeden zweiten Streifen mit dem roten Filzstift an. Dabei ist darauf zu achten, dass eine sich im roten Streifen befindliche Herzform weiß bleibt und ein Herz, das in einem weißen Streifen liegt, rot zu färben ist. Zum Schluss falten die Kinder aus dem roten Tonpapier eine Karte und kleben das Streifenherzbild auf.

Reflexion
Im Stehkreis werden die Arbeitsergebnisse der Kinder betrachtet, beschrieben sowie hinsichtlich der Gestaltungsidee und Ausführung gewürdigt.
Kriterien hierfür sind:
- Sauberkeit der Ausführung
- gleichbleibender Abstand der Streifen
- Anwendung der Technik

Ausklang
Abschließend beschriften die Kinder die Innenseite der Karte mit ihren ganz persönlichen Muttertagswünschen (z. B. Ich wünsche dir, dass du immer glücklich bist, gesund bleibst, viel Glück in deinem Leben, ...).

Tafelbild

Was?	**Herzkarte**
Wie?	Streifenbildtechnik
	1. Streifen im Abstand von 1 cm ziehen
	2. viele große und kleine Herzen einzeichnen
	3. Streifen abwechselnd ausmalen
	4. auf rote Tonpapierkarte kleben
Womit?	roter Filzstift, Lineal, rotes Tonpapier

5.4 Glückwunschkarte: „Aus einer Linie“ (Filzstiftzeichnung)

Dauer: ca. eine Unterrichtsstunde

Lernziele

Die Kinder sollen Bilder aus einem Strich von Pablo Picasso kennen lernen, wobei sich die visuelle Erschließung auf die einfache Darstellungsweise erstreckt. Anschließend gestalten die Schüler eine Grußkarte. Dazu zeichnen sie über eine vorgegebene Fläche in einer Linie mit einem Filzstift in der Farbe ihrer Wahl eine abstrakte Figur bzw. ein Musterbild. Dabei soll sich die Linie überschneiden und Kurven und Schlingen erkennbar sein. Einige dabei entstandene Flächen werden mit der gewählten Farbe einfarbig gefüllt und ausgemalt.

Materialien

- Kopie des Fotos von Pablo Picasso (s. CD-ROM)
- Kunstbilder: „Das Kamel“, „Die Eule“ als Folie (s. CD-ROM)
- Tonpapier in verschiedenen Farben (ca. 12 cm × 12 cm)
- quadratisches Zeichenblatt (Notizzettelgröße, ca. 10 cm × 10 cm)
- dicke Filzstifte
- Scheren, Klebestifte
- Skizzenblätter

Didaktisch-methodische Vorüberlegungen

Pablo Picasso war nicht nur einer der berühmtesten Künstler des 20. Jahrhunderts, sondern auch einer der produktivsten. Er wurde 1881 in Spanien geboren und lebte bis 1973. Schon als Kind malte Picasso den ganzen Tag und bis zu seinem Tod entstanden Tausende von Werken. Während er in seiner Kindheit wie ein Erwachsener malte, versuchte er später in seinen Kunstwerken, etwas Kindliches zu bewahren. Die Einfachheit in der Form ist auch für seine Bilder „Das Kamel“ und „Die Eule“ charakteristisch. Hier wendet er aber eine ganz eigene Technik an. So entstehen die Tierfiguren aus nur einem Strich. Nur die Technik selbst ist der Ausgangspunkt für die Gestaltung der Glückwunschkarte. Das Motiv ist dann aber abstrakt und auch leichter für die Kinder auszuführen. So erreicht jedes Kind ein Ergebnis, das einen individuellen und besonderen Reiz hat.

Hinweise zum Unterrichtsverlauf

Vorbereitung

Die Lehrkraft kopiert ein Bild von Pablo Picasso und erstellt Folien der oben genannten Kunstwerke.

Initiation

Zum Einstieg erzählt die Lehrerin vom Besuch einer Bilderausstellung und zeigt die Kunstwerke auf Folie. Nun erhalten die Schüler die Gelegenheit, sich frei zum Bild zu äußern und erfahren durch die Lehrererzählung einige wichtige Daten aus dem Leben des Künstlers. (z. B. dass er aus Spanien kommt, einer der berühmtesten Maler war ...). Nach dem Hinweis zur besonderen Technik für seine Kunstwerke, stellen die Kinder Vermutungen dazu an. Die Lehrerin erklärt kurz die Technik. Um sie noch bewusster zu erfassen, kann danach die Umrissform auf der Folie mit dem Finger oder dem Folienstift nachgefahren werden. Nun zeigt die Lehrerin den Kindern eine vorbereitete Karte und leitet zum Vorhaben über.

Exploration

Zunächst sollte die vorbereitete Karte noch einmal genauer betrachtet und im Unterrichtsgespräch die genaue Vorgehensweise besprochen werden. Den Kindern muss klar sein, dass die Figur oder das Muster aus einer Linie entsteht. Mit dem Hinweis: „Du darfst jetzt deinen Stift über dein Blatt tanzen lassen!“, erhalten die Kinder nun die Möglichkeit diese Technik im Skizzenheft oder auf einem kleinen Skizzenblatt selbst auszuprobieren. Eine leichte Tanzmusik könnte diese Arbeitsphase begleiten.
Im Halbkreis vor der Tafel stellen die Kinder ihre Ergebnisse vor und es folgt eine kurze Auswertung der Experimentierphase. Dabei soll herausgestellt werden, dass durch viele Überschneidungen und Schlingen Flächen entstehen, die mit Farbe (entsprechend der Linienfarbe) gefüllt werden können.

Objektivierung

Die Kinder gestalten die Karte mit dem Muster aus einer Linie und malen einige dabei entstandene Flächen aus.

Reflexion

Im Kreis werden die Arbeitsergebnisse der Kinder im Hinblick auf die Gestaltungsidee und die Ausführung betrachtet, beschrieben und gewürdigt.

Ausklang

Nun wird die Karte auf ein farbiges Tonpapier geklebt und die Rückseite beschriftet (z. B.: „Alles Gute zum Geburtstag, Vatertag, Muttertag ...“).

Tafelbild

Was?	**Glückwunschkarte**
Wie?	 1. Linie mit Kurven und Schlingen aufzeichnen 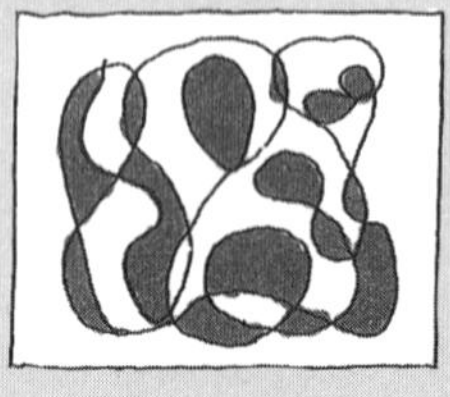 2. einige Flächen ausmalen 3. auf Karte aufkleben
Womit?	Filzstifte, Tonpapier

Inhalt der CD-ROM

- **Materialien:**
  - → 50 Kopiervorlagen (die Dateien sind jeweils nach der entsprechenden Seitenzahl im Buch benannt)
  - → 73 Schülerbeispiele
  - → 18 Fotos/Illustrationen
  - → Original-Kunstwerke: Vincent van Gogh „Baumstudie“; Victor Vasarely „Noir et blanc“; Salvador Dali „Die brennende Giraffe“; James Rizzi „Block Party“; Aboriginal Art; Andy Warhol „Sam“; Ditti Buchheim „Der stolze Frederic. Prachthahn aus Ruanda“; Joan Miró „Der singende Fisch“; Emil Nolde „Das Matterhorn lächelt“; Pablo Picasso „Die Eule“, „Das Kamel“
- **Bildquellenverzeichnis**
- **Impressum**

Weiterführende Literatur

Buchheim, Diethild und Lothar-Günther (2001): Dittis Blätterbilder. Feldafing: Buchheim-Verlag.

Comte-Surcin, Sophie/Justin, Caroline (2004): Dans l'univers de Miró. Paris: Belem éditions.

Comella, Maria Àngels (2004): Ravensburger Kindermalschule. Erweiterte und überarbeitete Ausgabe. Ravensburg: Ravensburger Buchverlag.

Hell, Simone (2008): Aus klein mach groß: Viertklässer vergrößern Comics. Comics im fächerverbindenden Unerricht. In: Grundschulmagazin 1/2008. München: Oldenbourg Schulbuchverlag.

Hell, Simone (2009): Auf den Spuren von Andy Warhol. Kinder erproben sich in der bildlichen Verfremdung ihrer eigenen Haustiere. In: Grundschulmagazin 4/2009. München: Oldenbourg Schulbuchverlag.

Heyden, Thomas (1997): Picasso ohne abzusetzen. Einlinienzeichnungen. Hildesheim: Claassen-Verlag.

Moeller, Magdalena, M. (2006): Emil Nolde. Die Bergpostkarten. München: Hirmer Verlag

Pfleger, Susanne (1999): Ein Tag mit Picasso. Reihe „Abenteuer Kunst“. München, London, New York: Prestel.

Rizzi, James (1996): New York/James Rizzi. München, New York: Prestel

Watt, Fiona (2001): Werkbuch Farbe. Ravensburg: Ravensburger Buchverlag.